EISCREMES & SORBETS SELBSTGEMACHT

Meister Verlag GmbH

INHALT

EISCREMES & SORBETS AUS ALLER WELT

Es gibt wohl kein Land, das nicht eine verlockende Eisspezialität zu bieten hat. Begeben Sie sich doch einmal auf eine kulinarische Reise, und lassen Sie sich von den Köstlichkeiten aus der Kälte verführen.

NEUE WELT

Die amerikanische Küche setzt nicht nur auf üppiges Eis, sondern experimentiert auch mit Joghurt und saurer Sahne, die mit dem landestypischen Ahornsirup und Vanille zu einer cremigen Spezialität verarbeitet werden. Auch Melonen sind beliebt und werden in Form von leicht säuerlichem Fruchteis serviert. In Neuseeland spricht man auch eher dem fruchtigen Genuß zu und läßt sich Erdbeereis mit Kiwis schmecken.

AFRIKA & NAHER OSTEN

Die Araber hinterließen nicht nur viele Bau- und Kunstdenkmäler im nordafrikanischen Raum. Auch die Kunst, gekühlte Sorbets herzustellen, die dort »Sherbet« genannt werden, verbreiteten sie in ihrem ganzen Herrschaftsbereich, der bis nach Spanien und Portugal reichte.

NORD- & MITTELEUROPA

Im Sommer locken in Europa Straßencafés groß und klein mit einer verführerischen Eiskarte. Dort schlemmt man dann gemeinsam einen köstlichen Eisbecher mit Schlagsahne oder

MITTEL- & SÜDAMERIKA

Zu einem erlebnisreichen Tag am Strand gehört auch ein leckeres Eis, das man meist am Stiel genießt, wie das Ananaseis am Stiel aus Mexiko. Aber auch in der Karibik frönt man der süßen Spezialität und bietet ein feines Bananen-Kokos-Eis an.

probiert einfach nur ein herbes Schokoladeneis. Wer lieber zu Hause genießt, verwöhnt sich mit Mandelsoufflés aus Großbritannien, Bühler Zwetschgeneis oder einem Mokka-Eisring.

Mittelmeerraum

Ob Mandeln, Zitronen oder Calvados – die Lieblingszutaten der Spanier und Franzosen finden sich auch in köstlicher Eiscreme wieder. In Italien hingegen, wie hier in Florenz, zieht man eher »Granita di Café«, eine Art zerstoßenes Sorbet, das aus ganz starkem Espresso zubereitet wird, vor und genießt es.

Asien & Ferner Osten

Nach dem entspannenden Musikunterricht in der Grundschule kaufen, wie überall auf der Welt, auch die Kinder in Asien von ihrem Taschengeld auf dem Nachhauseweg gern süßes Naschwerk. Besonders beliebt ist neben Schokolade ein erfrischendes Eis, das im Handumdrehen verspeist ist.

MANDEL-VANILLE-EIS MIT SHERRY

SPANIEN

Das geschmacklich intensive Eis ist eine gelungene Kombination von Sherry, knusprigen Mandeln und Zitrusfrüchten. Es wird nicht nur in Andalusien mit großem Genuß gegessen.

ZUTATEN
(Für 6 Portionen)

- 100 g abgezogene Mandeln
- 2 unbehandelte Orangen (siehe Zutatentip)
- 1 unbehandelte Zitrone
- 4 Eigelbe
- 100 g Zucker
- 1-2 TL gemahlene Vanille
- 100 ml Milch
- 3 EL Fino-Sherry
- 400 g Schlagsahne

AUSSERDEM

- Minze zum Garnieren

ZUTATENTIP

Unbehandelte Orangen gibt es nur in den Wintermonaten zur Orangensaison. Wenn Sie das Eis im Sommer zubereiten möchten, ersetzen Sie die Orangenschale durch Orangenaroma und die Orangenwürfel durch kleingewürfeltes Obst Ihrer Wahl.

1 Mandeln mit einem Messer oder in der Küchenmaschine mit Spezialmessereinsatz fein hacken. In einer Pfanne ohne Fett unter Rühren goldgelb rösten, abkühlen lassen.

2 Orangen und Zitrone heiß waschen und trockenreiben. Von 1 Orange und der Zitrone die Schale abreiben (siehe Kochtip). Von der zweiten Orange Zesten abziehen. Orangen schälen, so daß die weiße Haut mitentfernt wird. Das Fruchtfleisch kleinwürfeln.

3 Eigelbe mit Zucker und Vanille mit den Schneebesen des Handrührgeräts schaumig schlagen. Milch in einem Topf leicht erwärmen und unter Schlagen langsam zur Eigelbcreme gießen. Sherry untermischen. Masse unter Rühren solange erhitzen, bis sie dickflüssig ist, aber nicht mehr kochen lassen. Eigelbcreme abkühlen lassen (siehe Kochtip).

4 Sahne steif schlagen. Mit Mandeln, abgeriebenen Zitrusfruchtschalen und der Hälfte der Orangenwürfel unter die Eigelbmasse ziehen. Im Tiefkühlfach 4 Stunden gefrieren. Dabei häufig durchrühren. Übriges Orangenfruchtfleisch auf Schalen verteilen. Pro Portion 3 Eiskugeln abstechen, daraufgeben. Mit Orangenzesten und Minze garnieren.

Schritt 2

Schritt 3

Schritt 4

Zubereiten **20** Min. Gefrieren **4** Std.
Pro Portion: 560 kcal/2343 kJ;
26 g EW; 37 g F; 23 g KH

TYPISCH SPANISCH

Wer in Andalusien Urlaub macht, hat sicherlich auch Malaga auf seiner Reiseroute. Und kann dort nicht nur imposante Bauwerke bewundern, sondern neben dem berühmten Sherry und den saftigen Zitrusfrüchten dieser sonnenverwöhnten Region vor allem die landestypischen Süßigkeiten genießen.

Kochtip

- Die Orangen- und die Zitronenschale lassen sich ganz unproblematisch mit Würfelzucker abreiben. Geben Sie dann den Würfelzucker beim Erhitzen mit in die Milch, und reduzieren Sie die Zuckermenge.
- Schneller geht es, wenn Sie die warme Eigelbcreme in einem kalten Wasserbad abkühlen lassen.

Serviertip

Als Hauptgang bieten sich Hackfleischbällchen an. Diese können nach Geschmack mit Knoblauch, Zwiebeln und Chili verfeinert werden. Reichen Sie dazu eine aromatische Tomatensauce, und stellen Sie als Getränk einen trockenen Sherry bereit.

SERVIERTIP Das Eis zur Abwechslung mit püriertem, gezuckertem und erhitztem Beerenobst reichen. Als Getränk paßt ein Glas Rosé-Sekt oder ein Gläschen gut gekühlter, trockener Prosecco aus Italien.

EISGUGELHUPF MIT CALVADOS-ÄPFELN

FRANKREICH

Eis wird mit einer Mischung aus gedünsteten Äpfeln und Biskuit gemischt, in der Gugelhupfform tiefgekühlt und wie ein Kuchenstück serviert – am besten nach einem leichten Essen.

ZUTATEN

(Für 1 Gugelhupfform, 1 l Inhalt)

- 2 säuerliche Äpfel
- 2 EL Zitronensaft
- 1 EL Calvados (Apfelbranntwein)
- 50 g Zucker
- 1 Vanilleschote, 4 Eigelbe
- 70 g Puderzucker
- 1 Pck. Vanillezucker
- 3 Eiweiße
- 300 g Schlagsahne
- 150 g Löffelbiskuits (siehe Zutatentip)
- 1 EL weiche Butter
- 50 g gemahlene Mandeln
- Apfelspalten zum Garnieren

ZUTATENTIP

Löffelbiskuits bekommen Sie bei manchen Bäckern frisch gebacken zu kaufen. Wenn Sie Löffelbiskuits aus dem Supermarkt verwenden, dann reiben Sie die Zuckerschicht ab.

1 Die Äpfel vierteln, schälen, vom Kerngehäuse befreien und kleinwürfeln. Mit Zitronensaft, Apfelbranntwein und Zucker in einem Topf erhitzen und einmal aufkochen lassen. Dann das Kompott zugedeckt auf der abgeschalteten Herdplatte ziehen lassen.

Schritt 1

2 Die Vanilleschote mit einem spitzen Messer der Länge nach aufschlitzen und das Mark herauskratzen. Danach die Eigelbe mit dem Puderzucker, dem Vanillezucker und dem Vanillemark schaumig schlagen. Eiweiße steif schlagen. Sahne ebenfalls steif schlagen.

3 Die Löffelbiskuits in sehr kleine Stücke brechen. Die Eigelbmasse mit dem Apfelkompott und den Biskuitstücken mischen. Den Eischnee und die Sahne unterziehen.

Schritt 3

4 Eine Gugelhupfform mit der Butter ausfetten und mit den Mandeln ausstreuen. Die Eismasse mit einem Schaber einfüllen und glatt streichen. Dann den Gugelhupf im Tiefkühlfach in 3 Stunden gefrieren lassen. Dann stürzen, in Scheiben schneiden und mit den Apfelspalten auf einem Teller anrichten.

Schritt 4

Zubereiten 30 Min. Gefrieren 3 Std.
Pro Portion (8 Portionen):
370 kcal/1548 kJ;
7 g EW; 22 g F; 35 g KH

TYPISCH FRANZÖSISCH

In Frankreich, vor allem in der Normandie und der Bretagne, versteht man es, aus Äpfeln einen hocharomatischen Apfelbranntwein sowie den fruchtigen, perlenden Cidre mit einem Alkoholgehalt von nur etwa 3 Vol.% herzustellen, der süß und herb auf den Markt kommt.

ZITRONEN-JOGHURT-EIS AUS BIARRITZ

FRANKREICH

Die gefüllten Zitronen sind nicht nur optisch eine Attraktion, sie schmecken auch wunderbar erfrischend und gelingen besonders leicht. Groß und klein werden begeistert zugreifen.

ZUTATEN

(Für 4 Portionen)

- 8 etwa gleich große unbehandelte Zitronen
- 50 g Zucker
- 1 EL Speisestärke
- 150 g Schlagsahne
- ½ EL Puderzucker
- 150 g Vanillejoghurt (siehe Zutatentip)

AUSSERDEM

- Minze zum Garnieren

ZUTATENTIP

Ersatzweise schmeckt auch Naturjoghurt, der mit Vanillezucker aromatisiert wurde. Als geschmacklichen Verstärker können Sie noch das Mark von ½ Vanilleschote herauskratzen und unterrühren.

1 Zitronen heiß waschen und trockenreiben. Von der Unterseite jeweils eine dünne Scheibe abschneiden, damit die Zitronen auf dieser Fläche stehen können.

2 Von jeder Zitrone oben einen Deckel abschneiden. Das Fruchtfleisch mit einem spitzen Löffel herauslösen (siehe Kochtip). Das Fruchtfleisch von 2 Zitronen kleinwürfeln, dabei die Kerne entfernen und den Saft auffangen. Die Zitronenwürfel und den Saft mit dem Zucker in einem Topf verrühren.

3 Die Speisestärke mit etwas Wasser verrühren. Den Zitronensaft in einem Topf zum Kochen bringen, von der Herdplatte ziehen und die Speisestärke einrühren. Alles einmal aufkochen lassen, in eine Schüssel füllen und abkühlen lassen.

4 Sahne steif schlagen, dabei den Puderzucker einrieseln lassen. Einen Teil davon zum Garnieren beiseite stellen. Übrige Sahne mit dem Joghurt unter die Zitronenmasse mischen. Die Creme in die Zitronen füllen und für 1 Stunde in das Tiefkühlfach stellen. Die Minze abbrausen, trockenschütteln und die Blättchen abzupfen. Zitronen mit restlicher Sahne und Minze garniert servieren.

Schritt 2

Schritt 3

Schritt 4

Zubereiten 20 Min. Gefrieren 1 Std.
Pro Portion: 215 kcal/900 kJ;
3 g EW; 13 g F; 21 g KH

TYPISCH FRANZÖSISCH

Die vermutlich aus Südostasien stammenden Zitronen werden auch in Südfrankreich angebaut. Sie enthalten viel Vitamin C und sind deshalb auch ein beliebtes Hausmittel gegen Erkältungen. Aus der Küche sind sie nicht wegzudenken, denn ihr saurer Saft verfeinert Desserts, Getränke sowie herzhafte Gerichte.

Kochtip

- Mit einem spitzen, scharfkantigen Grapefruitlöffel können Sie das Fruchtfleisch der Zitronen ganz fachgerecht und problemlos herauslösen.
- Sehr lecker schmecken auch auf diese Art gefüllte Orangen oder Grapefruits. Verwenden Sie in diesem Fall 4 Früchte und nur etwa 2 EL Zucker.

Serviertip

Zuvor schmecken Lammkoteletts mit Rosmarinkartoffeln aus dem Ofen: Die Koteletts vor dem Garen etwa 1 Stunde in Olivenöl marinieren und erst nach dem Grillen salzen und pfeffern. Die Kartoffeln zusätzlich mit Knoblauch verfeinern.

PISTAZIENEISCREME »PERUGIA«

ITALIEN

Fein säuerlich und zugleich aromatisch ist das Pistazieneis eine köstliche Erfrischung für zwischendurch, aber ebenso ein passender Abschluß nach einem typisch italienischen Menü.

ZUTATEN
(Für 8 Portionen)

- 150 g ungesalzene Pistazien (siehe Zutatentip)
- 600 ml Milch
- 1 unbehandelte Orange
- ½ unbehandelte Zitrone
- 5 Eigelbe
- 150 g Puderzucker
- 125 g Schlagsahne

AUSSERDEM

- Minzeblättchen zum Garnieren

ZUTATENTIP

Pistazien sind relativ teuer, vor allem, wenn man ungesalzene kauft. Preiswerter werden sie in arabischen Lebensmittelgeschäften angeboten. Wenn Sie möchten, können Sie die Pistazien auch durch Mandeln ersetzen.

1 Von den Pistazien 100 g fein mahlen. Mit der Milch in einem Topf zum Kochen bringen. Den Herd ausschalten und die Milch zugedeckt 30 Minuten auf der abgeschalteten Herdplatte stehenlassen.

2 Ein Sieb mit einem Baumwolltuch auslegen (siehe Kochtip). Milch hineingießen. Das Tuch darüber zusammenschlagen und solange zusammendrehen, bis keine Flüssigkeit mehr austritt, dabei die Milch auffangen. Milch in einen Topf geben und erwärmen.

3 Übrige Pistazien fein hacken. Orange und Zitrone heiß waschen, trockenreiben und die Schalen fein abreiben. Von der Orange den Saft auspressen. Eigelbe mit Puderzucker in einer Schüssel schaumig schlagen. Milch unter ständigem Schlagen untermischen.

4 Eigelbcreme unter Rühren erhitzen, bis die Masse dickflüssig wird. Etwas abkühlen lassen. Sahne steif schlagen. Mit Pistazien, Zitrusschale und Orangensaft unter die Eigelbcreme mischen. In eine Metallschüssel füllen und im Tiefkühlfach in etwa 4 Stunden gefrieren lassen, dabei öfter durchrühren. Mit einem Eisportionierer Kugeln abstechen und mit Minze garniert servieren.

Schritt 2

Schritt 3

Schritt 3

Zubereiten 30 Min. Ruhen 30 Min.
Gefrieren 4 Std.

Pro Portion: 315 kcal/1318 kJ;
7 g EW; 21 g F; 24 g KH

TYPISCH ITALIENISCH

Im 13. Jahrhundert brachte Marco Polo ein chinesisches Rezept von seinen Reisen mit, um mit Wasser und Salpeter ausreichend Kälte zu erzielen, um Speiseeis herzustellen. Das aus Wasser und Fruchtsaft hergestellte Eis wurde zu einer Spezialität, die sich in wenigen Jahrhunderten über den Kontinent verbreitete.

Kochtip

Das Tuch zum Auspressen der Pistazienmasse muß stabil, aber durchlässig sein. Ist es zu dünn, kann es durch das Pressen reißen, ist es zu dick, geht zu wenig Flüssigkeit durch. Wer ein sehr feines Sieb hat, kann auch dieses verwenden und die Pistazien nach dem Seihen zusätzlich mit einem Löffel ausdrücken.

Serviertip

Zum Pistazieneis paßt Fruchtsalat. Dafür Bananen und Kiwis schälen und in Scheiben schneiden. Erdbeeren waschen und je nach Größe halbieren. Die Fruchtstücke mischen und auf einem Teller anrichten. Mit Minze garnieren.

SERVIERTIP Zur Granita passen Mürbeteigkekse: einen Mürbeteig herstellen, ausrollen, mit einem Glas Kreise abstechen und die Mitte mit einem Fingerhut ausstechen. Die Kekse bei 200 °C 15 Minuten backen.

GRANITA DI CAFÉ

ITALIEN

ZUTATEN
(Für 4 Portionen)

- ½ l starker Espresso (siehe Zutatentip)
- 1 Prise Zimtpulver
- 1 Vanilleschote
- 75 g Puderzucker
- 1 TL Kakaopulver
- 1 Msp. abgeriebene Schale von 1 unbehandelten Zitrone

AUSSERDEM
- ½ unbehandelte Zitrone

ZUTATENTIP
- Wer möchte, kann den Espresso mit 1-2 EL Anislikör oder Mandellikör verfeinern.
- Wenn Sie den Kaffeegeschmack lieber dezenter mögen, kochen Sie nur ¼ l Espresso und füllen entsprechend mit Wasser auf.

Bei dieser Eisspezialität aus Italien gibt Espresso geschmacklich den Ton an, und das Eis schmeckt auch wunderbar zu einer Tasse Espresso. Zimt und Kakao geben ihm das gewisse Etwas.

1 Den Espresso noch heiß in eine Schüssel geben. Das Zimtpulver hinzufügen. Die Vanilleschote aufschlitzen und das Mark herauskratzen. Die Vanilleschote mit dem Vanillemark unter den Espresso mischen, dann die Mischung abkühlen lassen.

2 Die Vanilleschote herausnehmen. Den Kaffee mit dem Puderzucker, dem Kakao und der Zitronenschale mischen. Die Masse in eine Metallschüssel füllen und im Tiefkühlfach in etwa 4 Stunden gefrieren lassen. Zwischendurch das Eis etwa zweimal pro Stunde gründlich durchrühren.

3 Die Schale der Zitronenhälfte gründlich heiß waschen und trockenreiben. Dann die Zitronenhälfte in 4 Spalten schneiden. Zum Servieren die Granita mit einer Gabel in grobe Stücke hacken und in hohe Glasschalen füllen. Mit den Zitronenspalten garnieren und sofort servieren.

Schritt 1

Schritt 2

Schritt 3

Zubereiten **20** Min. Gefrieren **4** Std.
Pro Portion: 100 kcal/420 kJ;
0 g EW; 0 g F; 25 g KH

TYPISCH ITALIENISCH
Espresso trinken die Italiener am liebsten in der Bar oder in Venedig im Café. Denn die Espressobohnen werden dort frisch gemahlen und ergeben dadurch ein herrliches Aroma. Der »kleine Schwarze« verleiht aber auch Eis, wie der »Granita di Café«, seinen Geschmack.

KLASSISCHE CASSATA

ITALIEN

Diese traditionsreiche Eis-Delikatesse aus Sizilien schmeckt so lecker, daß Ihre Gäste gar nicht genug davon bekommen werden – der ideale Nachtisch für einen festlichen Anlaß.

ZUTATEN

(Für 1 runde Form, 1½ l Inhalt)

- ½ l Milch
- 5 Eigelbe
- 150 g Zucker
- 100 g kandierte Früchte (siehe Zutatentip)
- 250 g Ricotta
- 100 g Schlagsahne
- abgeriebene Schale von 1 unbehandelten Zitrone
- 50 g gehackte Mandeln

ZUM GARNIEREN

- 50 g kandierte Früchte
- 100 g Schlagsahne
- 2 TL Vanillezucker

ZUTATENTIP

Es lohnt sich, wenn Sie kandierte Früchte in einem Spezialgeschäft, etwa einem Fruchthaus, kaufen. Dort bekommen Sie auch Früchte, die nicht so stark gesüßt sind und so fruchtiger schmecken.

1 Die Milch in einem Topf zum Kochen bringen. Dann die Eigelbe mit dem Zucker in eine Metallschüssel geben und mit den Schneebesen des Handrührgeräts so lange schlagen, bis sich der Zucker aufgelöst hat.

Schritt 1

2 Die Milch unter ständigem Schlagen zur Eigelbcreme in die Schüssel geben. Die Creme in einen Topf gießen und bei mittlerer Hitze unter ständigem Rühren erhitzen, bis sie dickflüssig wird, dann etwas abkühlen lassen und in einer Metallschüssel für etwa 1 Stunde im Tiefkühlfach anfrieren lassen. Eine runde Form ebenso im Tiefkühlfach kühlen (siehe Kochtip).

Schritt 3

3 Kandierte Früchte kleinwürfeln. Ricotta mit der Sahne verrühren. Zitronenschale, Mandeln und kandierte Früchte unterheben. Die angefrorene Creme an den Rändern der runden Form verteilen. Die Ricottamasse in die Mitte geben und glattstreichen.

Schritt 3

4 Cassata im Tiefkühlfach 2 Stunden anfrieren lassen. Zum Garnieren die Früchte in Scheiben schneiden. Die Sahne mit dem Vanillezucker steif schlagen. Die Eisbombe auf eine Platte stürzen (siehe Kochtip) und mit Sahne und Früchten garniert servieren.

Zubereiten **30** Min. Gefrieren **3** Std.
Pro Portion (8 Portionen):
330 kcal/1381 kJ;
10 g EW; 24 g F; 18 g KH

TYPISCH ITALIENISCH

Wer kennt sie nicht, die italienischen Eisdielen, in denen bis zu 35 leckere Eiscremesorten nicht nur Kindern, sondern auch zahlreichen erwachsenen Schleckermäulern das Wasser im Mund zusammenlaufen lassen. Dort hat man dann die Qual der Wahl zwischen Malaga-, Stracciatella-, Schokoladen- oder Pistazieneis.

Kochtip

- Die runde Form muß vorgekühlt werden. Nur dann haftet die Eigelbmasse auch an den Wänden gut und kann nicht so leicht abrutschen.
- Zum Stürzen die Form kurz in heißes Wasser tauchen, so schmilzt die äußere Schicht rasch und die Eisbombe läßt sich leicht aus der Form lösen.

Serviertip

Als Hauptgang können Sie Tortellini mit einer Sahne-Pilz-Schinken-Sauce reichen. Das Nudelgericht nach Belieben mit Basilikumblättchen bestreuen. Parmesankäse reiben und getrennt dazu reichen. Danach schmeckt ein Espresso oder Grappa.

FRUCHTSORBETS 3 x ANDERS

Zuckersirup, der mit aromatischem Fruchtpüree und verschiedenen Zutaten gemischt wird, ist vor allem an heißen Tagen sehr begehrt.

GRUNDREZEPT ZUCKERSIRUP

Aus dieser Grundmasse können Sie im Handumdrehen ein raffiniertes Sorbet zubereiten.

(FÜR 6 PORTIONEN)
- 1 Vanilleschote
- 180 g Zucker

1 Die Vanilleschote mit einem spitzen Messer längs aufschlitzen und das Mark herauskratzen. Vanilleschote und Vanillemark mit dem Zucker und 200 ml Wasser in einen Topf geben.

2 Alle Zutaten unter Rühren langsam zum Kochen bringen und bei mittlerer Hitze etwa 10 Minuten leise köcheln lassen, bis die Masse dickflüssig und hellbraun wird.

3 Dann den Topf mit dem Sirup von der Herdplatte nehmen und etwas abkühlen lassen. Zum Schluß die Vanilleschote mit einer Gabel aus dem Zuckersirup herausnehmen.

KIWISORBET

Zubereiten **35** Min. Gefrieren **3** Std.

NEUSEELAND

FÜR DAS KIWISORBET
- **6 Kiwis**
- **½ TL Zitronenschale**
- **1 EL Zitronensaft**
- **2 EL gehackte Pistazien**
- **¼ l Weißwein**
- **1 Eiweiß**

4 Die Kiwis schälen, würfeln, mit einem Stabmixer pürieren und durch ein Sieb streichen.

5 Püree mit Zuckersirup, Zitronenschale und -saft, Pistazien und Weißwein verrühren. Eiweiß steif schlagen und unter die Masse heben.

6 Masse in eine Metallschüssel füllen und im Tiefkühlfach in 2-3 Stunden gefrieren lassen. Öfters durchrühren. Mit einem Eisportionierer pro Portion 1 Kugel abstechen und in Gläsern verteilen.

Apfelsorbet

Zubereiten **30** Min. Abkühlen **30** Min. Gefrieren **3** Std.

Frankreich

FÜR DAS APFELSORBET

- **600 g Äpfel**
- **1 EL Champagner oder Calvados (Apfelbranntwein)**
- **1 Prise Zimt**
- **½ TL Zitronenschale**
- **2 EL Zitronensaft**
- **1 Eiweiß**

4 Die Äpfel schälen, vierteln, vom Kerngehäuse befreien und in Spalten schneiden. Mit dem Champagner, dem Zimt, Zitronenschale und -saft in einem Topf zum Kochen bringen und zugedeckt darin 10 Minuten dünsten.

5 Die Äpfel mit dem Stabmixer pürieren, mit dem Zuckersirup mischen und abkühlen lassen. Das Eiweiß steif schlagen, unterheben.

6 Masse in eine Metallschüssel füllen. Im Tiefkühlfach in etwa 3 Stunden gefrieren lassen, dabei mehrmals durchrühren. Mit einem Eisportionierer Kugeln abstechen. Diese in einer Schale servieren.

Grapefruitsorbet

Zubereiten **45** Min. Gefrieren **3** Std.

USA

FÜR DAS GRAPEFRUITSORBET

- **4 rosa Grapefruits**
- **¼ l Weißwein**
- **2 Eiweiße**
- **Minzeblättchen zum Garnieren**

4 Den Saft der Grapefruits auspressen. Mit dem Wein in einem Topf leicht erwärmen, dann unter den Zuckersirup rühren.

5 Eiweiße steif schlagen und unterheben. Masse in eine Metallschüssel füllen. Im Tiefkühlfach in 3 Stunden gefrieren lassen, dabei mehrmals durchrühren.

6 Minze abbrausen und trockentupfen. Das Sorbet nochmals gut durchrühren, in Gläser geben und mit Minze garniert servieren.

APRIKOSENEIS MIT ROSENWASSER

Die Eiscreme aus getrockneten Aprikosen, Pistazien, Sahnejoghurt, Honig und Weißwein schmeckt fruchtig-aromatisch. Zum Anrichten wird sie mit etwas Kakaopulver bestäubt.

LIBANON

ZUTATEN
(Für 8 Portionen)

- 250 g getrocknete Aprikosen
- 1 unbehandelte Zitrone
- 50 ml Rosenwasser (siehe Zutatentip)
- 50 ml trockener Weißwein (ersatzweise Apfelsaft)
- 50 g ungesalzene Pistazien
- 350 g Sahnejoghurt
- 150 g saure Sahne
- 130 g flüssiger Honig
- je 1 Prise Zimtpulver, gemahlene Gewürznelke und gemahlener Kardamom
- Kakaopulver zum Bestäuben

ZUTATENTIP
Rosenwasser erhalten Sie in der Apotheke oder in einem arabischen Geschäft.

1 Die Aprikosen heiß waschen, trockentupfen und fein würfeln. Die Zitrone heiß waschen, trockenreiben und die Schale fein abreiben. Den Saft auspressen. Die Aprikosen mit dem Zitronensaft und der -schale, dem Rosenwasser und dem Weißwein in einem Topf zum Kochen bringen, einmal aufkochen, dann zugedeckt 4 Stunden ziehen lassen.

Schritt 1

2 Die Aprikosenmasse mit dem Stabmixer grob pürieren (siehe Kochtip). Pistazien fein hacken. Den Joghurt mit der sauren Sahne und dem Honig in einer Metallschüssel mit den Schneebesen des Handrührgeräts schaumig rühren. Das Aprikosenpüree und die Pistazien untermischen. Mit Zimt, gemahlener Nelke und Kardamom abschmecken.

Schritt 2

3 Die Masse im Tiefkühlfach in 4 Stunden gefrieren lassen. Dabei öfters mit einem Löffel oder Schaber durchrühren, damit sich keine großen Eiskristalle bilden können.

4 Zum Servieren vom Eis mit einem Eisportionierer Kugeln abstechen (siehe Kochtip) und pro Portion 2 Kugeln in Eisschälchen füllen. Mit Kakaopulver bestäubt servieren.

Schritt 2

Marinieren 4 Std.
Zubereiten 30 Min. Gefrieren 4 Std.
Pro Portion: 170 kcal/711 kJ;
5 g EW; 7 g F; 22 g KH

TYPISCH LIBANESISCH
Die Aprikose stammt ursprünglich aus China und gedeiht hauptsächlich in warmen Ländern. Sie wird frisch sowie getrocknet in der orientalischen Küche eingesetzt und aromatisiert Süßspeisen, Fleisch- sowie Reisgerichte. Auch pur sind Aprikosen ein Genuß. Denn ihr leckeres Fruchtfleisch schmeckt samtig-süß.

Kochtip

- Wenn Sie die Aprikosenstücke im Püree stören, können Sie es im Mixer oder in der Küchenmaschine fein pürieren. Alternativ können Sie das Püree auch zusätzlich durch ein Sieb streichen.
- Zum Abstechen der Kugeln den Eisportionierer immer zwischendurch in heißes Wasser tauchen.

Serviertip

Orangengebäck und Tee: je 50 g Butter und Zucker, Orangenschale und 100 g gemahlene Mandeln verrühren. 2 Eiweiße steif schlagen, unterheben. In Förmchen bei 150 °C 25 Minuten backen. Mit Kuvertüre und Orangenschale verzieren.

Serviertip Reichen Sie gefüllte Datteln dazu: die Datteln halbieren und entsteinen. Dann die Hälften mit Frischkäse füllen. Diesen zuvor mit Honig süßen. Die Dattelhälften mit gehackten Nüssen bestreuen.

DATTEL-ZIMT-EIS

SYRIEN

Die fein abgeschmeckte Eiscreme ist ein herrliches Dessert, das sich gut vorbereiten läßt und mit den eingelegten Trockenfrüchten noch mal so gut schmeckt. Probieren Sie es einmal.

ZUTATEN
(Für 1 Kastenform, 1 l Inhalt)

FÜR DAS KOMPOTT
- 250 g gemischte Trockenfrüchte (siehe Zutatentip)
- 1 Zimtstange
- ⅛ l trockener Weißwein
- 2 EL Zitronensaft
- 1 EL Honig

FÜR DAS EIS
- 50 g Datteln
- 300 g Joghurt
- 300 g Crème fraîche
- 50 g Puderzucker
- 50 g flüssiger Honig
- 1 TL Zimtpulver
- 2 Eiweiße

ZUTATENTIP
Kaufen Sie möglichst ungeschwefelte Trockenfrüchte. Diese erhalten Sie im Naturkostladen oder Reformhaus.

1 Für das Kompott die Trockenfrüchte heiß waschen. Die Zimtstange halbieren. Beides mit dem Weißwein, dem Zitronensaft und dem Honig in einem Topf zum Kochen bringen. Alles unter Rühren in etwa 5 Minuten dickflüssig einkochen lassen, in eine Schüssel geben und 8 Stunden ziehen lassen.

Schritt 1

2 Für das Eis die Datteln an der Seite einschneiden, vom Kern befreien und fein würfeln. Den Joghurt mit der Crème fraîche, dem Puderzucker, dem Honig und dem Zimt verrühren. Die Datteln untermischen. Die Eiweiße steif schlagen und unterheben.

Schritt 2

3 Die Eismasse mit einer Schöpfkelle in eine Kastenform füllen und im Tiefkühlfach 4 Stunden gefrieren lassen. Dabei am Anfang sehr häufig durchrühren, damit sich keine großen Eiskristalle bilden können.

Schritt 3

4 Das Eis aus der Form stürzen, in Scheiben schneiden und je 2 Scheiben mit einigen Löffeln Kompott auf einem Teller anrichten.

Marinieren **8** Std.
Zubereiten **35** Min. Gefrieren **4** Std.
Pro Stück (12 Stücke):
220 kcal/920 kJ;
7 g EW; 11 g F; 23 g KH

TYPISCH SYRISCH
In Syrien, vor allem im malerischen Aleppo, finden sich nicht nur zahlreiche Spuren alter Hochkulturen, sondern auch ein wunderbarer Markt, auf dem stets buntes Treiben herrscht. Hierher kommt die syrische Hausfrau, wenn sie Trockenfrüchte oder Gewürze braucht.

*H*ONIGPARFAIT »ISFAHAN«

IRAN

Das Parfait wird mit Granatapfelkernen garniert und mit flüssigem Honig beträufelt. Es ist nicht nur optisch interessant, sondern auch ein ideales Dessert für eine größere Runde.

ZUTATEN

(Für 8 Timbale-Förmchen, 8 cm Ø)

- 50 g ungesalzene Pistazien
- 1 Döschen Safranfäden
- 1 EL Rosenwasser
- ¼ l Milch
- 4 Eigelbe
- 150 g flüssiger Honig
- 400 g Schlagsahne

AUSSERDEM

- 1 Granatapfel (siehe Zutatentip)
- 1-2 EL flüssiger Honig

ZUTATENTIP

Die Frucht des Granatapfelbaumes kommt meist aus den Mittelmeerländern auf unsere Märkte. Das Fruchtfleisch der apfelgroßen Früchte ist von zahlreichen Samenkernen durchsetzt und süßlich im Geschmack. Sie können daraus auch Sorbet zubereiten.

1 Die Pistazien mit einem großen schweren Messer fein hacken (siehe Kochtip). Die Safranfäden in einem kleinen Schälchen mit dem Rosenwasser verrühren.

2 Die Milch in einem Topf leicht erwärmen. Dann die Eigelbe mit dem Honig in einer Schüssel mit den Schneebesen des Handrührgeräts schaumig schlagen. Die Milch unter ständigem Schlagen untermengen. Die Masse wieder in den Topf geben und unter ständigem Rühren bei mittlerer Hitze erwärmen, bis sie dickflüssig wird.

3 Die Masse in eine Metallschüssel füllen, in ein eiskaltes Wasserbad stellen und rühren, bis sie kalt ist. Dann die Sahne steif schlagen. Mit den Pistazien und dem Safran untermengen. Die Eismasse in die Timbale-Förmchen füllen und in etwa 4 Stunden im Tiefkühlfach fest werden lassen.

4 Die Förmchen aus dem Tiefkühlfach nehmen und kurz stehenlassen. Den Granatapfel halbieren und die Kerne herauslösen (siehe Kochtip). Die Timbale kurz in heißes Wasser tauchen, auf Schälchen stürzen und mit Granatapfelkernen und Honig garnieren.

Schritt 2

Schritt 3

Schritt 4

Zubereiten **25** Min. Gefrieren **4** Std.
Pro Portion: 340 kcal/1410 kJ;
6 g EW; 24 g F; 25 g KH

TYPISCH IRANISCH

Nicht nur in Teheran wird auf dem Basar mit großer Vorliebe gehandelt und gefeilscht. Es gibt dort Teppiche, Stoffe, Gewürze und vieles mehr. Auch die aromatischen Safranfäden sind bei den Händlern zu einem erschwinglichen Preis zu erstehen. Sie machen aus dem Honigparfait einen echten Hochgenuß.

Kochtip

• Die Pistazien können Sie auch mit einem Wiegemesser hacken. Dieses erhalten Sie im Küchenfachhandel oder in der Haushaltswarenabteilung im Supermarkt.

• Mit dem Granatapfel sollten Sie vorsichtig umgehen und nichts von dem Saft auf die Kleidung bringen, denn die Flecken lassen sich nicht mehr entfernen.

Serviertip

Zu einem ganz besonderen Anlaß können Sie das Parfait in einer Herzform gefrieren lassen. Dann auf eine Platte stürzen und mit wenig Zimt bestäuben. Einige Minzeblättchen abbrausen, trockentupfen und das Eisparfait damit garnieren.

Gewürzkulfi aus Indien

Indien

Diese süße Verführung erhält durch Pistazien eine edle Note. Die sahnige Mangosauce macht sie fruchtig-frisch. In Indien serviert man das Eis nur zu ganz besonderen Anlässen.

ZUTATEN

(Für 8 Souflé-Förmchen, 10 cm Ø)

- 10 Kardamomkapseln (siehe Zutatentip)
- 1 Zimtstange
- 2 l Milch
- 1 EL Speisestärke
- 50 g ungesalzene Pistazienkerne
- 100 g Zucker
- 40 g Kokosflocken
- 1 EL Rosenwasser
- 1 reife Mango
- 100 g Schlagsahne
- 3 TL Vanillezucker

Zutatentip

Kardamom kann man in asiatischen Geschäften im Ganzen als grüne Kapseln kaufen. Die Samen sitzen im Inneren der Kapseln. Sie werden etwas zerdrückt, damit sich das Aroma besser verteilen kann.

1 Die Kardamomkapseln mit einem Messer zerdrücken und mit der Zimtstange in der Milch in einem Topf unter ständigem Rühren zum Kochen bringen. Dann die Milch unter Rühren bei schwacher Hitze in 45 Minuten um zwei Drittel einkochen lassen.

Schritt 1

2 Die Milch durch ein Sieb in einen Topf gießen. Die Speisestärke mit 2 TL kaltem Wasser anrühren. Die Pistazien fein reiben. Mit dem Zucker, den Kokosflocken und der Speisestärke zur Milch geben und nochmals aufkochen lassen. Das Ganze einige Minuten köcheln lassen (siehe Kochtip), dann in eine Schüssel füllen und abkühlen lassen.

Schritt 2

3 Das Rosenwasser untermengen und die Würzmilch mit einer Schöpfkelle in die Förmchen gießen. Die Masse in etwa 2 Stunden im Tiefkühlfach fest werden lassen.

Schritt 3

4 Die Mango schälen. Das Fruchtfleisch in Spalten vom Stein schneiden. Einige Spalten zum Garnieren aufbewahren, den Rest mit Sahne und Vanillezucker pürieren. Das Eis auf Teller stürzen (siehe Kochtip). Die Mangosauce und einige Mangospalten um das Eis sowie je 3 Spalten darauflegen.

Zubereiten **1** Std. **10** Min.
Gefrieren **2** Std.
Pro Portion: 350 kcal/1464 kJ; 10 g EW; 19 g F; 35 g KH

Typisch indisch

Ob diese fröhlichen Kinder nach einem ereignisreichen Tag voller Abenteuer und Streiche zu Hause auch noch ein echt indisches Eis, das »Kulfi«, bekommen? Sicherlich nicht an gewöhnlichen Tagen, aber vielleicht hat sich ja ein Gast angesagt. In diesem Fall gibt es in Indien nach dem Essen immer etwas Süßes.

KOCHTIP

• Beaufsichtigen Sie die Milch während der Kochzeit, damit sie nicht überkochen kann. Außerdem sollte sie immer gut durchgerührt werden, um zu vermeiden, daß sie am Topfboden ansetzt und anbrennt.

• Die Formen vor dem Stürzen kurz in heißes Wasser tauchen, damit sich das Eis besser von der Form löst.

SERVIERTIP

Davor einen Linsen-Eintopf reichen: 200 g rote Linsen in 1 l Wasser etwa 15 Minuten garen, Kreuzkümmel, Kurkuma und Tomatenwürfel zufügen und alles weitere 20 Minuten garen. Mit Salz und Pfeffer würzen und mit gebratenen Zwiebeln servieren.

GRÜNTEE-EISCREME

JAPAN

Die japanische Spezialität erhält durch kräftigen grünen Tee, der mit Milch und anderen Zutaten cremig verrührt und zu zart schmelzendem Eis gefroren wird, ihre asiatische Note.

ZUTATEN

(Für 6 Portionen)

- 1 EL Matcha (siehe Zutatentip)
- ½ l Milch
- 1 EL Reismehl (siehe Zutatentip)
- 1 EL Kakaopulver
- 4 Eier
- 150 g Zucker

AUSSERDEM

- 100 g Kapstachelbeeren
- Puderzucker zum Bestäuben

ZUTATENTIP

- Matcha ist ein aromatisch schmeckender japanischer grüner Tee in Pulverform. Er kann einfach in Flüssigkeit gerührt werden. Sie bekommen ihn im Asienladen oder auch in Teegeschäften.
- Statt Reismehl eignet sich auch Kartoffelmehl oder Speisestärke zum Binden.

1 Matcha mit etwas Milch verrühren. Die restliche Milch in einem Topf erhitzen, den Tee und das Reismehl einrühren. Alles kurz köcheln lassen, bis die Masse leicht bindet, den Kakao unterrühren und warm halten.

Schritt 1

2 Die Eier mit dem Zucker schaumig schlagen, bis sich der Zucker aufgelöst hat. Dann die Matcha-Mischung unter ständigem Schlagen mit einem Schneebesen langsam dazugießen. Masse wieder in den Topf geben. Unter Rühren erhitzen (siehe Kochtip).

Schritt 2

3 Die Eiercreme in eine Metallschüssel füllen und über einem eiskalten Wasserbad mit einem Schneebesen kalt rühren. Dann im Tiefkühlfach in 4 Stunden fest werden lassen. Dabei möglichst häufig durchrühren, damit sich keine großen Eiskristalle bilden.

Schritt 3

4 Zum Servieren die Kapstachelbeeren aus den Hüllen lösen (siehe Kochtip), waschen und einige davon halbieren. Vom Eis je 1 Kugel abstechen und auf einen Teller geben. Früchte daneben anrichten und das Eis mit Puderzucker bestäubt servieren.

Zubereiten **20** Min. Gefrieren **4** Std.
Pro Portion: 270 kcal/1130 kJ;
9 g EW; 8 g F; 41 g KH

TYPISCH JAPANISCH

Auch die Kleinsten in Japan können dem Eisgenuß nur ganz selten widerstehen. Es kann schon öfters vorkommen, daß die Vorschulkinder nach dem Mittagessen oder bei einem Kindergeburtstag mit einer leckeren Eisüberraschung verwöhnt werden. Das macht dann die Erzieherinnen bei ihnen besonders beliebt.

Kochtip

• Massen, die Eier enthalten, dürfen beim Erhitzen niemals kochen, da sie sonst gerinnen und keine homogene Masse mehr entstehen kann. Den Topf gegebenenfalls zwischendurch vom Herd ziehen.

• Pro Person je 1 Frucht nicht aus der Hülle lösen, sondern diese am Stielansatz zusammendrücken.

Serviertip

In Japan wird zum Nachtisch oder nach dem Essen »Sake«, der aus hefevergorenem Reis hergestellte Reiswein, gereicht. Das Nationalgetränk wird in kleinen Schälchen serviert und kann, ganz nach Wunsch, lauwarm oder warm getrunken werden.

ERDBEEREIS MIT KIWIS

NEUSEELAND

Im Frühsommer, wenn es frische Erdbeeren gibt, sollten Sie dieses Rezept unbedingt ausprobieren. Das fein-säuerliche Eis wird auf Kiwis angerichtet und schmeckt herrlich fruchtig.

ZUTATEN

(Für 8 Portionen)

- 400 g Erdbeeren (siehe Zutatentip)
- 200 g Crème fraîche
- ¼ l Erdbeersirup
- abgeriebene Schale von ½ unbehandelten Zitrone
- 150 g Schlagsahne
- 2 EL Puderzucker

AUSSERDEM

- 3 Kiwis
- 2 EL geraspelte Schokolade
- Puderzucker zum Bestäuben

ZUTATENTIP

Außerhalb der Saison können Sie für dieses Eis anstelle von Erdbeeren auch andere Beerensorten verwenden. Heidelbeeren, Johannisbeeren und Holunderbeeren sollten Sie allerdings für einige Minuten in dem Sirup kochen lassen.

1 Die Erdbeeren waschen und in einem Sieb abtropfen lassen. Die Stielansätze entfernen, die Früchte in Stücke schneiden und mit dem Stabmixer pürieren.

2 Das Erdbeerpüree in eine Metallschüssel geben. Mit der Crème fraîche, dem Sirup und der abgeriebenen Zitronenschale verrühren. Die Sahne steif schlagen (siehe Kochtip), dabei den Puderzucker einrieseln lassen.

3 Die Sahne mit einem Schneebesen unter die Erdbeermasse heben und die Masse im Tiefkühlfach in etwa 4 Stunden fest werden lassen. Das Eis während des Gefrierens öfters mit einem Spatel durchrühren, damit sich keine großen Eiskristalle bilden können.

4 Zum Servieren die Kiwis schälen (siehe Kochtip) und in möglichst dünne Scheiben schneiden. Die Kiwischeiben auf 8 Glasschälchen verteilen. Vom Erdbeereis Kugeln abstechen und pro Portion 3 Kugeln auf den Kiwis anrichten. Mit geraspelter Schokolade und Puderzucker garnieren und servieren.

Schritt 1

Schritt 2

Schritt 3

Zubereiten **20** Min. Gefrieren **4** Std.
Pro Portion: 215 kcal/900 kJ;
2 g EW; 14 g F; 20 g KH

TYPISCH NEUSEELÄNDISCH

Skulptur oder Werbung? In Neuseeland, dem Land der Kiwifrucht, ist das wohl das eine wie das andere. Den Namen hat die Vitamin-C-reiche Frucht übrigens von den Maori erhalten, und zwar nach dem Wappentier, einem Vogel, der zur Straußenfamilie gehört und sich mit dem Laut »Kiwi-Kiwi« verständigt.

Kochtip

- Die Sahne läßt sich am besten steif schlagen, wenn sie gut gekühlt ist. Auch die Schüssel und die Schneebesen des Handrührgeräts sollten stets kühl sein und nicht gerade aus der warmen Spülmaschine kommen.
- Die Kiwis können Sie am besten mit einem kleinen Tourniermesser oder einem Sparschäler schälen.

Serviertip

Reichen Sie als Hauptgang einen gefüllten Rumpsteak-Braten mit gedünsteten Schalotten und Möhren. Je 1 Scheibe mit dem Gemüse auf Tellern anrichten. Zuletzt eine würzig abgeschmeckte Sherry-Sauce darüber verteilen.

SOUR-CREAM-EIS AUS PHILADELPHIA

USA

Der sahnige Klassiker unter den vielen amerikanischen Eiscremes ist rasch hergestellt und schmeckt in Kombination mit den aromatischen Erdbeeren einfach unwiderstehlich gut.

ZUTATEN

(Für 6 Portionen)

- 1 Vanilleschote
- 300 g Schlagsahne
- 70 g Zucker
- 1 Prise Salz
- 200 g cremige saure Sahne (15-20% Fett i.Tr.; siehe Zutatentip)

AUSSERDEM

- 250 g Erdbeeren
- 1 EL Erdbeersirup

ZUTATENTIP

Cremige saure Sahne hat einen höheren Fettgehalt als die gewöhnliche saure Sahne. Dadurch ist sie geschmeidiger und nicht so flockig.

1 Die Vanilleschote mit einem spitzen Messer längs aufschlitzen und das Mark herauskratzen. Die Schote mit dem Mark, der Sahne, dem Zucker und dem Salz in einem Topf solange unter ständigem Rühren erhitzen, bis sich der Zucker aufgelöst hat.

Schritt 1

2 Den Topf von der Herdplatte nehmen und die Mischung abkühlen lassen. Die Vanilleschote entfernen.

3 Die saure Sahne unter die Sahnemischung rühren und alles in eine Metallschüssel füllen. Die Mischung im Tiefkühlfach in etwa 4 Stunden gefrieren lassen. Dabei die Masse ab und zu durchrühren.

Schritt 3

4 Kurz vor dem Servieren die Erdbeeren waschen, in einem Sieb abtropfen lassen und den Stielansatz entfernen. Einige Erdbeeren zum Garnieren in dünne Scheiben schneiden. Den Rest in Stücke schneiden und mit dem Stabmixer pürieren (siehe Kochtip). Dann das Püree mit dem Erdbeersirup süßen. Etwas Fruchtpüree auf Desserttellern verteilen und je 2 Kugeln Eis darauf geben. Mit den Erdbeerscheiben garnieren und servieren.

Schritt 4

Zubereiten **25** Min. Gefrieren **4** Std.

Pro Portion: 285 kcal/1200 kJ; 2 g EW; 22 g F; 19 g KH

TYPISCH AMERIKANISCH

Die gute Laune, die sich im Sommer überall an den amerikanischen Stränden verbreitet, läßt sich sicherlich noch ein wenig durch die köstliche »Icecream« steigern. Vor allem, wenn sie so wunderbar cremig ist wie die »Philadelphia Icecream« – bei jedermann ein Favorit unter den vielen typischen Spezialitäten.

Kochtip

Pürieren Sie die Erdbeeren nicht zu lange mit dem Stabmixer, sonst werden die Kerne zerkleinert und das Püree schmeckt nicht mehr so gut. Alternativ können Sie auch die Früchte zuerst in kleine Stücke schneiden, danach mit einer Gabel fein zerdrücken und schließlich durch ein Sieb streichen.

Serviertip

Je 3 Kugeln Eis in Waffelröllchen geben, dann mit einigen Minzeblättchen und etwas Schokoladensauce oder Ahornsirup garnieren. Die Waffelhörnchen erhalten Sie beim Bäcker oder im Supermarkt. Dazu schmeckt eine Tasse Kaffee oder ein Milchshake ausgezeichnet.

*V*ANILLEEIS MIT ZIMTKRUSTE

USA

In Amerika versteht man sich sehr gut auf die Zubereitung von Cremeeis und kreiert stets neue Rezepte. Diese Variante wird durch die knusprige Zimtkruste zum Highlight jedes Menüs.

ZUTATEN

(Für 6 Timbale-Förmchen, 7 cm Ø)

- 1 Vanilleschote
- 3 Eigelbe
- 50 g Puderzucker
- 1 Päckchen Bourbon-Vanillezucker (siehe Zutatentip)
- 2 Eiweiße
- 250 g Schlagsahne
- 3 EL Ahornsirup
- 100 g Cornflakes mit Honig und Nüssen (siehe Zutatentip)
- 50 g Walnußkernhälften
- 1 TL Zimtpulver
- Fett für die Förmchen

ZUTATENTIP

- Bourbon-Vanillezucker wird mit echter Vanille aromatisiert und ist daher hochwertiger als Vanillinzucker.
- Sie können auch normale Cornflakes dafür verwenden.

1 Die Vanilleschote mit einem spitzen Messer längs aufschlitzen und das Mark herauskratzen. Die Eigelbe mit dem Puderzucker, dem Vanillezucker und dem Vanillemark in einer Metallschüssel sehr schaumig schlagen. Die Eiweiße steif schlagen. Die Schlagsahne ebenso steif schlagen, dabei 1 EL Ahornsirup langsam hinzufügen.

Schritt 1

2 Den Eischnee und die Schlagsahne unter die Eigelbmasse mischen und die Masse im Tiefkühlfach in 2 Stunden etwas anfrieren lassen. Dabei häufig durchrühren, damit sich keine zu großen Eiskristalle bilden.

Schritt 2

3 Die Cornflakes fein zerkrümeln. Von den Nüssen einige beiseite legen, den Rest mit einem großen Messer fein hacken. Beides mit dem Zimt und dem übrigen Ahornsirup mischen. Die Timbale-Förmchen ausfetten und die Zimtmasse einfüllen. Die Eismasse nochmals gründlich durchrühren. Dann in die Förmchen füllen und weitere 2 Stunden im Tiefkühlfach gefrieren lassen. Auf Teller stürzen, mit den restlichen Walnußkernhälften garnieren und servieren.

Schritt 3

Zubereiten **30** Min. Gefrieren **4** Std.
Pro Portion: 370 kcal/1548 kJ;
7 g EW; 25 g F; 29 g KH

TYPISCH AMERIKANISCH

Zimt, das heißt die getrocknete Rinde verschiedener Zimtbaumarten, wurde bereits vor über 4000 Jahren verwendet und gehört zu den ältesten Gewürzen der Welt. Obwohl im asiatischen Raum beheimatet, hat er in der amerikanischen Küche schon Tradition und wird für Gebäck und Süßspeisen aller Art verwendet.

Kochtip

Eis schmeckt besser, wenn es nicht ganz hart ist. Deshalb die Förmchen schon 10-15 Minuten vor dem Servieren aus dem Gefrierschrank holen und das Eis etwas weicher werden lassen. Wenn Sie das einmal vergessen haben, können Sie die Förmchen auch ganz kurz bei Auftaustufe in die Mikrowelle stellen.

Serviertip

Davor Blätterteigpastetchen mit Krebs-Spargel-Ragout servieren: Spargel dünsten, Sahne und etwas Spargelsud aufkochen und nach Belieben abschmecken. Krebsfleisch zufügen und darin erwärmen. Die Pasteten damit füllen und mit Dill garnieren.

SERVIERTIP Sie können das Eis auch mit Melonenspalten reichen: die Melone halbieren, entkernen und schälen. Die Hälften achteln, je 2 Achtel auf Desserttellern anrichten und mit 1 Kugel Eis servieren.

MELONENFRUCHTEIS »FRESNO«

USA

ZUTATEN

(Für 4 Portionen)

- 1 Honigmelone (etwa 400 g)
- ½ unbehandelte Zitrone
- 70 g Zucker
- 3 EL Ahornsirup (siehe Zutatentip)
- 100 g Schlagsahne
- 300 g Vollmilchjoghurt

AUSSERDEM

- Minzeblättchen zum Garnieren

ZUTATENTIP

Der nicht ganz billige Sirup wird in Kanada und Nordamerika aus dem Saccharose enthaltenden Saft des Zuckerahorns gewonnen. Es gibt Ahornsirup im Reformhaus oder Naturkostladen.

Das säuerlich-erfrischende Meloneneis wird landestypisch mit Ahornsirup verfeinert und ist ideal für die heißen Sommermonate, wenn Melonen besonders aromatisch schmecken.

1 Die Melone halbieren und die Kerne mit einem Löffel herauslösen. Dann die Frucht schälen. Mit einem Kugelausstecher einige Kugeln abstechen und zum Garnieren beiseite stellen. Das restliche Melonenfruchtfleisch würfeln. Die Zitrone heiß waschen, trockenreiben und die Schale fein abreiben. Dann den Saft auspressen.

Schritt 1

2 Die Melonenwürfel mit dem Zitronensaft, dem Zucker, 1 EL Ahornsirup, der Sahne und dem Joghurt in einer Metallschüssel mit dem Stabmixer fein pürieren. Dann die Zitronenschale untermischen.

Schritt 2

3 Die Masse im Tiefkühlfach in 4 Stunden fest werden lassen. Dabei die Eismasse ab und zu durchrühren, damit keine zu großen Eiskristalle entstehen können.

4 Vor dem Servieren die Minze abbrausen, trockenschütteln und die Blättchen abzupfen. Die Melonenkugeln halbieren. Vom Eis Kugeln abstechen und mit den Melonenhalbkugeln in hohe Gläser geben. Mit dem übrigen Ahornsirup beträufeln und mit Minzeblättchen garniert servieren.

Schritt 4

Zubereiten **20** Min. Gefrieren **4** Std.
Pro Portion: 305 kcal/1276 kJ;
7 g EW; 11 g F; 44 g KH

TYPISCH AMERIKANISCH

Den Amerikanern wird es nicht leicht gemacht, sich für eine Eiscreme zu entscheiden, denn das Angebot ist riesig. Es gibt kalorienarme Sorten, wie »frozen joghurt«, sowie reichhaltige Schokoladeneiscreme, die mit Keksstücken oder Schokoladenraspeln verfeinert wurde.

Ananaseis am Stiel

Mexiko

Mit den praktischen Lolly-Formen, die man in jedem Haushaltswarengeschäft erhält, ist Eis am Stiel schnell zubereitet und nicht nur für Kinder ein hochwillkommener Genuß.

ZUTATEN
(Für 12 Portionen)

- 1 kleine Ananas (etwa 800 g)
- 1 Limette oder eine unbehandelte Zitrone
- 150 g gesüßte Kokoscreme (aus der Dose; siehe Zutatentip)
- 2 EL weißer Rum
- 200 g Schlagsahne
- 2 EL Puderzucker

AUSSERDEM

- 12 Lolly-Formen

Zutatentip

Gesüßte Kokoscreme gibt es in asiatischen und südamerikanischen Geschäften. Sollten Sie keine erhalten, nehmen Sie einfach ungesüßte Kokosmilch und schmecken entsprechend mit Zucker ab.

1 Die Ananas mit einem scharfen Messer schälen, vierteln und den Strunk herausschneiden. Das Fruchtfleisch kleinwürfeln (siehe Kochtip), dabei den Saft auffangen.

2 Die Limette gründlich heiß waschen, trockenreiben und die Schale fein abreiben. Dann halbieren und von einer Hälfte den Saft auspressen. Die Ananaswürfel mit dem Limettensaft und der Kokoscreme in einer Schüssel mit dem Stabmixer fein pürieren.

3 Das Fruchtpüree mit dem Rum mischen. Die Sahne steif schlagen und dabei den Puderzucker einrieseln lassen. Die Sahne vorsichtig unter das Fruchtpüree heben. Die Eismasse mit einem Löffel in die Lolly-Formen füllen. Die Formen schließlich in den dazugehörenden Halter stellen.

4 Die Lollys ins Tiefkühlfach stellen und das Ananaseis in mindestens 6 Stunden gefrieren lassen. Kurz unter warmes Wasser halten, aus der Form lösen und servieren.

Schritt 1

Schritt 2

Schritt 3

Zubereiten 20 Min. Gefrieren 6 Std.
Pro Portion: 130 kcal/544 kJ;
1 g EW; 8 g F; 14 g KH

Typisch mexikanisch

An den Stränden von Mexiko gibt es pfiffige Eisverkäuferinnen, die mit einer Handvoll Eis am Stiel mühelos zwischen den sonnenhungrigen Strandbesuchern balancieren. Um die Kühlung brauchen sie sich keine Sorgen zu machen, denn die willkommene Erfrischung ist im Handumdrehen ausverkauft.

Kochtip

Im Handel gibt es spezielle Ananasschneider, mit denen man den Strunk aus der Mitte gut ausstechen kann. In diesem Fall die Frucht zuerst in Scheiben schneiden und die Schale großzügig entfernen. Die »Augen«, die noch im Fruchtfleisch sitzen, lassen sich mit einem spitzen Obstmesser gut herauslösen.

Serviertip

Das Eis mit Vollmilchschokolade oder weißer Schokolade überziehen: Nach dem Gefrieren aus den Formen lösen. In die Schokolade tauchen. Das Eis auf Pergamentpapier in das Tiefkühlfach legen, bis die Schokolade fest geworden ist.

MANGO-LIMETTEN-EISCREME

KARIBIK

Mango, Limette und Schlagsahne verbinden sich zu einem harmonischen Eisgenuß. Geröstete Kokosraspeln verleihen dem Dessert zusätzliche Raffinesse. Naschkatzen dürfen sich freuen!

ZUTATEN
(Für 4 Portionen)

- 4 Eigelbe
- 4 EL brauner Zucker
- 1 große Mango (siehe Zutatentip)
- 1 Limette (siehe Zutatentip)
- 200 g Schlagsahne

AUSSERDEM

- 4 EL Kokosraspel
- Mangospalten

ZUTATENTIP

• Die Mango muß voll ausgereift sein, dann schmeckt das Eis am besten. Die Frucht sollte aromatisch duften, das Fruchtfleisch auf Daumendruck etwas nachgeben. Die Farbe hingegen ist kein Kriterium für den Reifegrad. Es gibt orangefarbene und rötliche, aber auch grüne Sorten.

• Bei Limetten große Früchte mit glatter Schale wählen.

1 Die Eigelbe in einer Schüssel mit dem Zucker und 4 EL warmem Wasser gut verrühren. Die Eigelbmasse über einem heißen Wasserbad mit den Schneebesen des Handrührgeräts zu einer dickschaumigen Creme aufschlagen. Die Schüssel vom Wasserbad nehmen. Die Eier-Zucker-Creme weiter schlagen, bis sie abgekühlt ist (siehe Kochtip).

Schritt 2

2 Die Mango schälen, den Kern entfernen, das Fruchtfleisch sehr fein würfeln. Die Limette heiß waschen, trockenreiben und die Schale abschneiden (siehe Kochtip) und kleinschneiden. Die Limette halbieren und auspressen. Den Limettensaft und die -schale mit den Mangostückchen pürieren.

Schritt 3

3 Die Sahne steif schlagen und mit dem Mangopüree unter die Eiscreme rühren. Die Masse in eine Metallschüssel umfüllen und zugedeckt für mindestens 5 Stunden in das Tiefkühlfach stellen.

Schritt 4

4 Zum Servieren die Kokosraspeln in einer beschichteten Pfanne goldbraun rösten. Vom Mango-Eis pro Portion 3 Kugeln abstechen und mit Mangospalten in Schälchen geben. Mit Kokosraspeln bestreut servieren.

Zubereiten **20** Min. Gefrieren **5** Std.
Pro Portion: 330 kcal/1400 kJ;
8 g EW; 22 g F; 27 g KH

TYPISCH KARIBISCH

Ob Eiscreme, Kuchen oder Obstsalat – es gibt in der Karibik kaum eine Süßspeise, die nicht mit aromatischen Mangos und fein säuerlichen Limetten zubereitet wird. Die Bewohner der Region sind durch das riesige Angebot an diesen Früchten, die es auf den Märkten in ausgezeichneter Qualität gibt, mehr als verwöhnt.

KOCHTIP

- Die Eiercreme läßt sich am schnellsten kaltschlagen, wenn Sie die Schüssel in eine mit Eiswürfeln und kaltem Wasser gefüllte Schüssel stellen.
- Die Limettenschale schneiden Sie am besten mit einem Zestenreißer ab. Diesen erhalten Sie im Küchenfachhandel. Oder Sie reiben die Schale ab.

SERVIERTIP

Zu der Mango-Limetten-Eiscreme gehören Kokos-Kekse. Dafür einen Mürbeteig zubereiten und 50 g Kokosraspel unter den Teig arbeiten. Vom Teig Kreise mit 5 cm Ø abstechen. Diese im Backofen goldbraun backen.

SERVIERTIP Als Hauptgang können Sie Putenbrust mit einer Pilzsauce anbieten: etwas Pilzsauce auf einen Teller geben. Die Putenbrust darauf anrichten. Mit Orangenscheiben und Petersilie garnieren.

*B*ANANEN-KOKOS-EIS

KARIBIK

ZUTATEN
(Für 6 Portionen)

- 500 g reife Bananen
- 1 EL weißer Rum
- Saft von 1 Limette
- 100 g Zucker
- 1 Dose Kokosmilch (400 g)
- 200 g Schlagsahne

AUSSERDEM

- 1 Mango
- 1 Babyananas
- 200 g Erdbeeren
- 1 Banane
- 1 Limette (siehe Zutatentip)

ZUTATENTIP

Die besonders saftige Zitrusfrucht hat wenig Kerne und sehr aromatisches Fruchtfleisch. Die Schale ist zum Verzehr geeignet, denn sie ist unbehandelt. Limetten sind reich an Calcium, Kalium, Phosphor und Vitamin C.

Hier vereinen sich typische Zutaten von den karibischen Inseln, wie Bananen, weißer Rum, Kokosmilch und gemischte exotische Früchte, zu einer Schlemmerei der ganz besonderen Art.

1 Bananen schälen. Mit dem Stabmixer in einer Schüssel mit Rum und Limettensaft pürieren. Zucker dazugeben und solange unterrühren, bis er sich aufgelöst hat.

2 Kokosmilch hinzufügen und alles nochmals gut durchrühren. Schlagsahne steif schlagen und unterheben. Die Masse in eine Metallschüssel füllen und 4 Stunden im Tiefkühlfach gefrieren lassen. Währenddessen ab und zu mit dem Schneebesen durchrühren, damit sich keine zu großen Eiskristalle bilden.

3 Mango schälen, den Stein entfernen und das Fruchtfleisch würfeln. Ananas mit dem Schopf vierteln, den Strunk entfernen. Fruchtfleisch an der Schale entlang herausschneiden, zweimal längs und mehrmals quer in Stücke schneiden und wieder in die Schale legen. Erdbeeren waschen, Stielansätze entfernen und die Früchte halbieren. Die Banane schälen und in Scheiben schneiden. Limette heiß waschen, trockenreiben und in ganz dünne Scheiben schneiden.

4 Vom Eis pro Portion je 2 Kugeln abstechen. Diese mit einer ¼ Ananas und den übrigen Früchten auf einem Teller anrichten.

Schritt 1

Schritt 2

Schritt 3

Zubereiten 20 Min. Gefrieren 4 Std.
Pro Portion: 205 kcal/860 kJ;
2 g EW; 4 g F; 40 g KH

TYPISCH KARIBISCH

Karibik und Rum gehören einfach zusammen. Im 17. Jahrhundert wurde das hochprozentige Getränk auf Barbados zum ersten Mal gebraut und war wohl noch wenig schmackhaft. Durch immer bessere Gär- und Destillationsverfahren ist das inzwischen ganz anders geworden!

*B*RASILIANISCHES PAVÉ

BRASILIEN

Zerstoßene Mürbeteigplätzchen, Eiercreme und eine fruchtige Mangosahne werden in eine Form geschichtet und halbgefroren serviert – ideal zum sonntäglichen Kaffeekränzchen.

ZUTATEN

(Für 8 Portionen)

- 300 g Mürbeteigkekse
- 650 ml Milch
- 1 EL Kakaopulver
- 1-2 EL Kokoslikör (siehe Zutatentip)
- 4 Eigelbe
- 1 TL gemahlene Vanille
- 2 EL Zucker
- 1 Limette
- 1 reife Mango
- 400 g Schlagsahne
- 1 Päckchen Vanillezucker
- 2 Eiweiße

ZUTATENTIP

Kokoslikör wird aus Kokosnußsaft und weißem Rum hergestellt. Er gibt dem Eisdessert ein feines Aroma. Sie können auch ersatzweise Rum oder Portwein nehmen.

1 Die Kekse in einen Gefrierbeutel geben und mit dem Nudelholz solange darüberrollen, bis grobe Brösel entstanden sind. Die Brösel in eine flache, rechteckige Form geben. Dann ¼ l Milch mit dem Kakaopulver in einem Topf erwärmen. Den Kokoslikör untermischen. Alles gleichmäßig über die Brösel geben. Abkühlen lassen.

Schritt 1

2 Für die zweite Schicht die übrige Milch in einem Topf erwärmen. Eigelbe, Vanille und Zucker cremig rühren. Milch mit einem Schneebesen unterschlagen. Masse wieder in den Topf geben und unter Rühren dickflüssig erhitzen, dabei nicht mehr kochen lassen. Die Eigelbcreme abkühlen lassen (siehe Kochtip) und danach über den Bröseln verteilen.

Schritt 2

3 Limette heiß waschen, trockenreiben und die Schale abreiben. Limette halbieren und eine Hälfte auspressen. Mango schälen, Fruchtfleisch vom Stein schneiden. Mit dem Limettensaft pürieren. Sahne mit Vanillezucker steif schlagen. Eiweiße steif schlagen. Sahne, Eischnee und Limettenschale unter das Mangopüree heben. Dieses auf der Eigelbcreme verteilen. Das Pavé in 2 Stunden halb gefrieren lassen (siehe Kochtip).

Schritt 3

Zubereiten **40** Min. Gefrieren **2** Std.
Pro Portion: 465 kcal/1946 kJ;
10 g EW; 27 g F; 45 g KH

TYPISCH BRASILIANISCH

Kinder finden Zuckerwatte einfach göttlich – das lockere, klebrige Naschwerk läßt kaum vermuten, daß es nur aus »gesponnenem« Zucker besteht. Dieser wird je nach Form in Kristallzucker, Puderzucker, Würfelzucker sowie Kandiszucker unterschieden und aus Zuckerrohr oder Zuckerrüben gewonnen.

Kochtip

- Die Eigelbcreme darf auf keinen Fall mehr warm sein, sonst kann sie sich leicht mit den Bröseln verbinden und diese dann aufweichen.
- Das Pavé können Sie nach Belieben auch ganz gefrieren lassen. Doch das fruchtige Aroma kommt viel besser zur Geltung, wenn es nur halbgefroren ist.

Serviertip

Es sieht ganz besonders attraktiv aus, wenn Sie eine Portion von dem Pavé auf einem Dessertteller, der mit hauchdünnen Limettenscheiben belegt ist, anrichten und servieren. Nach Belieben können Sie einen gekühlten oder heißen Kakao dazu trinken.

SCHOKOLADENEIS 3 x ANDERS

Fein schmelzend und wunderbar cremig ist Schokoladeneis fast in der ganzen Welt beliebt – überzeugen Sie sich selbst.

ZARTBITTER-SCHOKOLADENEIS

Zubereiten **45** Min. Gefrieren **4** Std.

DEUTSCHLAND

(FÜR 6 PORTIONEN)

- 100 g Zartbitterschokolade
- 50 ml Milch, 3 Eigelbe
- 3 Pck. Vanillezucker
- 2 Eiweiße
- 200 g Schlagsahne
- 2 EL Puderzucker
- ½ TL Zitronenschale

1 Schokolade grob zerkleinern. Mit der Milch in einem Topf leicht erwärmen und darin schmelzen, dann abkühlen lassen, dabei mehrmals umrühren.

2 Eigelbe mit Vanillezucker so lange cremig schlagen, bis sich der Zucker aufgelöst hat. Eiweiße steif schlagen. Sahne mit Puderzucker steif schlagen.

3 Die Schokoladenmasse mit der Eigelbcreme mischen. Dann Eischnee und Sahne mit Zitronenschale unterheben.

4 Die Masse in eine Metallschüssel füllen und im Tiefkühlfach in 4 Stunden gefrieren lassen, dabei mehrmals durchrühren. Aus dem Eis je Portion 2 Kugeln ausstechen. Diese in Gläsern servieren.

VOLLMICH-

Zubereiten **1** Std. **15** Min.

USA

(FÜR 6 PORTIONEN)

- 100 g Vollmilchschokolade
- 1 Vanilleschote
- 300 g Schlagsahne
- 50 g Zucker
- 2 EL Kakaopulver
- 1 Prise gemahlener Zimt
- 200 g Crème fraîche

1 Die Schokolade halbieren. Eine Hälfte davon fein reiben, die andere grob hacken. Die Vanilleschote mit einem spitzen Messer längs aufschlitzen und das Mark vollständig herauskratzen.

Weisses Schokoladeneis

Zubereiten **45** Min. Gefrieren **4** Std.

Italien

(FÜR 6 PORTIONEN)

- **1 unbehandelte Orange**
- **100 g weiße Schokolade**
- **50 g Amarettini**
- **300 g Schlagsahne**
- **40 g Puderzucker**
- **2 TL Zitronensaft**

1 Die Orange heiß waschen, trockenreiben und die Schale fein abreiben. Dann den Saft auspressen. Die Schokolade grob zerkleinern und mit dem Orangensaft in einem Topf bei schwacher Hitze schmelzen lassen. Dann abkühlen lassen.

2 Die Amarettini in einen Gefrierbeutel geben und mit einem Nudelholz so lange darüberrollen, bis sie fein zerkleinert sind. Die Schlagsahne mit dem Puderzucker steif schlagen.

3 Keksbrösel mit der Sahne, der Orangenschale und dem Zitronensaft unter die Schokoladenmasse mengen. Alles in eine Metallschüssel füllen. Im Tiefkühlfach in 4 Stunden gefrieren lassen, dabei mehrmals durchrühren. Aus dem Eis mit einem Eisportionierer Kugeln ausstechen, in Schalen servieren.

Schokoladeneis

Gefrieren **4** Std.

2 Sahne mit Vanillemark und -schote, geriebener Schokolade und Zucker in einem Topf unter Rühren erwärmen, bis sich der Zucker aufgelöst hat, danach abkühlen lassen.

3 Die Vanilleschote entfernen. Dann den Kakao mit Zimt, Crème fraîche und der gehackten Schokolade untermischen.

4 Die Masse in eine Metallschüssel füllen und im Tiefkühlfach in 4 Stunden gefrieren lassen. Zwischendurch öfters durchrühren. Vom Eis Kugeln abstechen und je 1 Kugel in Gläsern servieren.

*W*HISKY-EISCREME AUS CASTLEBAR

IRLAND

Hier vereint sich der landestypische Whisky mit leckerer Zartbitterschokolade, gerösteten Brotwürfeln und Schlagsahne zu einer köstlichen Eiscreme, die mit Erdbeeren gereicht wird.

ZUTATEN

(Für 6 runde Förmchen, je 125 ml Inhalt)

- 100 g ungewürztes Mischbrot (siehe Zutatentip)
- 6 EL Whisky
- 2 EL Butter
- 100 g Zucker
- 50 g Zartbitterschokolade
- 3 Eigelbe
- 250 g Schlagsahne

AUSSERDEM

- 250 g Erdbeeren
- 1 EL Zitronensaft
- 1 EL Puderzucker

ZUTATENTIP

Das Brot für dieses Eis darf nicht zu stark gewürzt sein, also beispielsweise keinen Kümmel enthalten, sonst dominiert dieser Geschmack in der Eiscreme.

1 Brot von der Rinde befreien und kleinwürfeln. In einer kleinen Schüssel mit 2 EL Whisky mischen und zugedeckt 30 Minuten lang durchziehen lassen.

Schritt 1

2 Butter schmelzen. Brot darin bei mittlerer Hitze unter Rühren leicht anrösten. Dann 2 EL Zucker dazugeben. Alles unter Rühren weiterbraten, bis sich der Zucker gelöst hat. Brot auf einem Teller beiseite stellen.

3 Schokolade grob zerkleinern und über einem heißen Wasserbad schmelzen lassen. Eigelbe mit dem restlichen Zucker und übrigen Whisky schaumig schlagen. Schokolade unterrühren. Sahne steif schlagen.

Schritt 3

4 Die Brotwürfel unter die Eigelbcreme mischen. Sahne unterheben. Eis in Metallförmchen mit Deckel füllen (siehe Kochtip). Im Tiefkühlfach in 6 Stunden fest werden lassen (siehe Kochtip). Dabei hin und wieder durchrühren, damit sich keine großen Eiskristalle bilden können.

Schritt 4

5 Erdbeeren waschen, Stielansatz entfernen und Früchte würfeln. Mit Zitronensaft und Puderzucker mischen. Eisportionen auf Teller stürzen und mit den Erdbeeren garnieren.

Marinieren **30** Min.
Zubereiten **20** Min. Gefrieren **6** Std.
Pro Portion: 400 kcal/1674 kJ;
5 g EW; 28 g F; 31 g KH

TYPISCH IRISCH

Irland, damit verbinden die meisten grüne Wiesen, einsame Buchten und wilde Klippen, rauhes Klima und geheimnisvolle keltische Legenden. Und natürlich denkt man außer an das überall beliebte Ale auch an den köstlichen irischen Whisky, der ursprünglich als »Wasser des Lebens« bezeichnet wurde.

Kochtip

- Sie können auch andere Metallförmchen verwenden und diese einfach mit Alufolie abdecken.
- Eiscremes mit Alkohol brauchen etwas länger, um fest zu werden. Wundern Sie sich also nicht, wenn die Eiscreme sogar mehr als 6 Stunden im Gefrierfach des Kühlschranks oder im Gefrierschrank bleiben muß.

Serviertip

Um dem Dessert noch eine landestypische Note zu verleihen, können Sie einen »Irish Coffee« reichen: 2 TL Zucker und 2 EL Whisky erhitzen, anzünden, mit heißem Kaffee auffüllen und in Gläser gießen. Mit geschlagener Sahne servieren.

GEFRORENE MANDELSOUFFLÉS

GROSSBRITANNIEN

Die feine und luftige Mandelmasse wird in kleinen Förmchen gefroren. Die Törtchen sind nicht nur als Dessert, sondern auch statt Gebäck zum Tee eine willkommene Überraschung.

ZUTATEN

(Für 6 Soufflé-Förmchen, 8 cm Ø)

- 80 g gemahlene Mandeln
- 3 Eigelbe
- 1 EL Mandelmus (siehe Zutatentip)
- 125 g Crème fraîche
- 60 g Puderzucker
- 1 TL abgeriebene Zitronenschale
- 4 Eiweiße
- 1 EL Zucker
- 2 TL Zitronensaft
- Kakaopulver zum Bestäuben

AUSSERDEM

- Backpapier

ZUTATENTIP

Mandelmus macht das Eis noch cremiger und verleiht ihm zusätzliches Nußaroma. Sie erhalten es in Reformhäusern und Naturkostläden.

1 Die Mandeln in einer Pfanne ohne Fett unter Rühren rösten, bis sie goldgelb sind. Danach etwas abkühlen lassen.

2 Die Eigelbe mit dem Mandelmus, der Crème fraîche, dem Puderzucker und der Zitronenschale sehr schaumig schlagen. Die Eiweiße zu steifem Schnee schlagen, dabei den Zucker und den Zitronensaft dazugeben.

Schritt 2

3 Die Soufflé-Förmchen mit je einem Streifen Back- oder Pergamentpapier so auslegen, daß die Papierenden überstehen. Mit Klebestreifen zusammenkleben (siehe Kochtip). Die Eigelbmasse mit den Mandeln verrühren, den Eischnee unterheben. Die Masse in die Förmchen füllen und im Tiefkühlfach in 4 Stunden fest werden lassen.

Schritt 3

4 Zum Servieren die Soufflés mit dem Backpapier aus den Förmchen ziehen, das Papier ablösen und die Soufflés auf Dessertteller gleiten lassen. Mit Kakaopulver bestäuben und sofort servieren.

Schritt 3

Zubereiten **40** Min. Gefrieren **4** Std.

Pro Portion: 270 kcal/1130 kJ; 8 g EW; 18 g F; 18 g KH

TYPISCH BRITISCH

In London ein vertrauter Anblick: die königliche Garde vor dem Buckingham Palast. Sicher würde sie sich im Sommer oft gern mit einem Eis erfrischen. Doch solche Genüsse sind nicht vorgesehen. Die Touristen dagegen, die täglich London besuchen, lassen sich nach einem ereignisreichen Tag etwas Kühles schmecken.

Kochtip

Lassen Sie das Papier für die Manschette etwa 3 cm über den Rand der Förmchen stehen, damit Sie die Soufflés mitsamt dem Papier herausziehen können. Falls Sie auch den Boden der Form mit Papier auskleiden, machen Sie dies mit einem Extrastück Papier, damit es sich nach dem Herausheben gut ablösen läßt.

Serviertip

Als Hauptgang bietet sich Lachs in Blätterteig an: Lachssteak auf 1 Blätterteigplatte legen und 1 Teigplatte darauflegen. Enden gut festdrücken. Deckel mehrmals diagonal einschneiden und mit Eigelb bestreichen. Bei 180 °C 30 Minuten garen.

*M*OKKA-EISRING AUS LÜTTICH

BELGIEN

ZUTATEN

(Für 1 Savarinform,
1 l Inhalt)

- 6 Eigelbe
- 150 g Zucker
- ⅛ l starker Kaffee oder Espresso
- ⅛ l Milch
- 2 EL Cognac
- 350 g Schlagsahne

AUSSERDEM

- 2 EL gehackte Pistazien
- 150 g Schlagsahne
- 2 TL Vanillezucker
- Schokoladen-Kaffeebohnen (siehe Zutatentip)
- Minzeblättchen

ZUTATENTIP

Schokoladen-Kaffeebohnen bekommen Sie in Süßwarengeschäften, aber ebenso in den Lebensmittelabteilungen großer Kaufhäuser.

Fein-herbes Mokkaeis wird in einer Savarinform tiefgekühlt und erhält eine Verzierung aus Schlagsahne, Schokobohnen, Pistazien und Minze – der perfekte Abschluß eines Menüs.

1 Die Eigelbe mit dem Zucker sehr schaumig schlagen. Den Kaffee und die Milch erwärmen und unter ständigem Rühren langsam zur Eigelbcreme gießen.

2 Die Masse in einen Topf geben und unter Rühren erhitzen, bis sie dickflüssig wird (siehe Kochtip), aber nicht kochen lassen. Masse erkalten lassen, dabei immer wieder durchrühren, dann den Cognac untermischen.

3 Die Sahne steif schlagen und unterheben. Die Eismasse in eine Savarinform (siehe Kochtip) füllen und im Tiefkühlfach in etwa 4 Stunden gefrieren lassen.

4 Pistazien hacken (siehe Kochtip). Sahne mit dem Vanillezucker steif schlagen. Die Form kurz in heißes Wasser tauchen, den Mokkaring auf eine Platte stürzen. Die Sahne in einen Spritzbeutel mit Sterntülle füllen und das Dessert damit verzieren. Mit Kaffeebohnen, Pistazien und Minzeblättchen dekorieren und sofort servieren.

Schritt 1

Schritt 3

Schritt 4

Zubereiten **30** Min. Gefrieren **4** Std.
Pro Portion (8 Portionen):
420 kcal/1757 kJ;
7 g EW; 30 g F; 30 g KH

TYPISCH BELGISCH

Belgien, vor allem die Hauptstadt Brüssel, ist berühmt für seine Schokoladen- und Pralinenspezialitäten. Und so ist es auch nicht sehr verwunderlich, daß der Mokka-Eisring dort entwickelt wurde. Die Nascherei aus starkem Kaffee, Cognac und Schlagsahne macht den belgischen Dessertkünstlern sicher alle Ehre.

Kochtip

- Die Eigelbcreme darf nicht zu heiß werden oder gar kochen, sonst gerinnt das Eigelb.
- Wenn Sie keine Savarinform besitzen, können Sie genauso gut eine Kranzform verwenden.
- Die Pistazien lassen sich sehr gut mit einem großen Messer oder einem Wiegemesser hacken.

Serviertip

Bieten Sie Ihren Gästen zum Mokka-Eisring noch die landestypischen belgischen Pralinen an. Diese nach Belieben in einer passenden Schale anrichten. Dazu schmeckt ein Täßchen starker Mokka oder ein Espresso ausgezeichnet.

*B*ÜHLER ZWETSCHGENEIS

DEUTSCHLAND

Mit den süßen Zwetschgen, die im Spätsommer reif werden, schmeckt das Eis besonders gut. Der fruchtige Genuß ist pur, aber auch mit Schlagsahne und Schokoraspeln unschlagbar.

ZUTATEN
(Für 6 Portionen)

- 850 g süße Zwetschgen (siehe Zutatentip)
- 150 g Zucker
- 1 Zimtstange
- 2 Gewürznelken
- 1 EL Zitronensaft
- 250 g Schlagsahne
- 1 EL Zwetschgenwasser (siehe Zutatentip)

AUSSERDEM
- 125 g Schlagsahne
- 2 TL Vanillezucker
- 2 EL Schokoladenraspel
- Minzeblättchen

ZUTATENTIP
- Statt mit den Zwetschgen schmeckt die Eiscreme auch mit Aprikosen oder Kirschen hervorragend.
- Das Zwetschgenwasser können Sie nach Belieben auch einfach weglassen.

1 Die Zwetschgen waschen, halbieren und entsteinen. Die Hälften mit 75 g Zucker, der Zimtstange und den Nelken in einem Topf erhitzen. Die Früchte zugedeckt bei schwacher Hitze in etwa 10 Minuten weichdünsten (siehe Kochtip).

Schritt 1

2 Zimtstange und Nelken entfernen und die Zwetschgen mit 1-2 EL Wasser mit dem Stabmixer fein pürieren. Das Fruchtpüree mit dem übrigen Zucker und dem Zitronensaft verrühren, bis sich der Zucker aufgelöst hat. Dann abkühlen lassen.

Schritt 2

3 Die Sahne steif schlagen und unter das Fruchtpüree heben. Anschließend das Zwetschgenwasser dazugeben. Die Masse in eine Metallschüssel füllen und in 4 Stunden im Tiefkühlfach fest werden lassen. Die Fruchtmasse mehrmals stündlich durchrühren, damit sich keine großen Eiskristalle bilden können (siehe Kochtip).

Schritt 3

4 Zum Servieren die Sahne mit dem Vanillezucker steif schlagen. Vom Zwetschgeneis pro Portion jeweils 3 Kugeln abstechen und in Gläser füllen. Mit Schlagsahne, Schokoraspeln und Minze garnieren.

Zubereiten 30 Min. Gefrieren 4 Std.
Pro Portion: 380 kcal/1590 kJ;
3 g EW; 21 g F; 44 g KH

TYPISCH DEUTSCH
An heißen Sommertagen ist zwischendurch eine cremig-fruchtige Eiserfrischung besonders willkommen. In Deutschland haben sich deshalb viele Konditoreien und Cafés auf die Zubereitung von Eis spezialisiert und bieten in ihren Straßencafés ihre Kreationen an – so entstand auch das »Bühler Zwetschgeneis«.

KOCHTIP

• Zwetschgen können unterschiedlich süß sein. Probieren Sie deshalb die Früchte nach dem Weichdünsten und geben eventuell noch etwas Zucker dazu, damit das Eis auch nicht zu sauer wird.

• Einfach und gründlich geht das Durchrühren der Eismasse während des Gefrierens mit dem Stabmixer.

SERVIERTIP

Besonders hübsch sieht es aus, wenn Sie das Eis zum Servieren auf Zwetschgenhälften setzen. Pro Portion 4 Hälften auf einem Dessertteller anrichten. Mit Sahne und Zitronenmelisse verzieren und das Dessert sofort servieren.

SERVIERTIP Als schmackhaftes Hauptgericht paßt Züricher Geschnetzeltes mit knusprigen Bratkartoffeln und einem grünen Salat. Zum Eisdessert können Sie Ihren Gästen noch einen Kaffee anbieten.

KASTANIENPARFAIT »BERNER LAND«

SCHWEIZ

Das Kastanienparfait schmeckt wunderbar nach einem herbstlichen Menü und kommt gemeinsam mit einem fruchtigen Kompott aus Preiselbeeren und Birnenstückchen auf den Tisch.

ZUTATEN

(Für 1 Rehrückenform)

- 2 Eier
- 250 g Crème fraîche
- 100 g Puderzucker
- 1 EL brauner Rum (siehe Zutatentip)
- ¼ TL Zimtpulver
- 200 g Kastanienpüree (siehe Zutatentip)
- abgeriebene Schale von 1 unbehandelten Zitrone
- 250 g Schlagsahne

AUSSERDEM

- 250 g frische Preiselbeeren
- 100 g Zucker
- 5 EL trockener Rotwein
- 1 saftige Birne

ZUTATENTIP

• Den Rum können Sie auch durch Kirschwasser ersetzen.
• Das Kastanienpüree erhalten Sie in Dosen im Feinkostladen oder im Supermarkt.

1 Die Eier mit der Crème fraîche, dem Puderzucker, dem Rum und dem Zimt mit den Schneebesen des Handrührgeräts schaumig schlagen. Danach das Kastanienpüree mit der abgeriebenen Zitronenschale gründlich unter die Eiercreme mischen.

Schritt 1

2 Die Sahne steif schlagen und unter die Kastaniencreme heben. Die Masse in eine Rehrückenform füllen und in etwa 4 Stunden im Tiefkühlfach fest werden lassen.

Schritt 2

3 Inzwischen die Preiselbeeren waschen und verlesen. In einem Topf mit Zucker und Wein vermischen und 2 Stunden Saft ziehen lassen. Die Birne schälen, vom Kerngehäuse befreien und kleinwürfeln. Zu den Preiselbeeren geben und alles bei mittlerer Hitze 10 Minuten kochen. Abkühlen lassen.

Schritt 3

4 Das Parfait kurz in heißes Wasser tauchen und auf eine große Platte stürzen. Dann in Scheiben schneiden und mit dem Kompott auf Desserttellern anrichten.

Zubereiten **45** Min.
Gefrieren **4** Std.
Pro Portion (8 Portionen):
360 kcal/1507 kJ;
5 g EW; 18 g F; 44 g KH

TYPISCH SCHWEIZERISCH

In der Schweiz erhält man Eßkastanien in zahlreichen Variationen: vorgekocht und in Folie verschweißt, getrocknet und zu Mehl vermahlen oder auch als Püree. Auch gesüßt sind sie in Dosen auf dem Markt. Diese Produkte werden als Grundlage für viele Desserts verwendet.

SEETALER MOHNEIS

ÖSTERREICH

In der österreichischen Küche würzt Mohn nicht nur Gebäck, sondern verleiht auch Eiscreme ein vorzügliches Aroma. Dieses Eis paßt in jede Jahreszeit und schmeckt lecker zu Früchten.

ZUTATEN

(Für 1 Kastenform, 1,5 l Inhalt)

- 120 g gemahlener Mohn (siehe Zutatentip)
- 200 ml Milch
- 4 Eigelbe
- 100 g Zucker
- 1-2 TL gemahlene Vanille
- 1 EL Honig
- 400 g Schlagsahne

AUSSERDEM

- 200 g Sauerkirschen aus dem Glas
- 2 EL Zitronensaft
- 150 ml Weißwein oder Apfelsaft
- 1 EL Zucker

ZUTATENTIP

Mohn gibt es als fertige Kuchenfüllung gesüßt und ansonsten nur ungemahlen. Falls Sie keine Mühle haben, verwenden Sie statt dessen einfach eine Kaffeemühle.

1 Den Mohn mit 100 ml Milch in einem Topf zum Kochen bringen, kurz kochen lassen und zugedeckt auf der abgeschalteten Herdplatte 10-15 Minuten ziehen lassen.

2 Eigelbe mit Zucker und Vanille in einer Schüssel schaumig schlagen. Übrige Milch in einem Topf erhitzen und unter ständigem Schlagen langsam zur Eigelbcreme gießen. Die Masse in einem Topf unter Rühren erhitzen, bis sie dickflüssig ist.

3 Die Eigelbcreme und den Mohnbrei mit dem Honig mischen, abkühlen lassen. Die Sahne steif schlagen und unterziehen. Masse in eine Kastenform füllen. Im Tiefkühlfach in 5 Stunden fest werden lassen.

4 Sauerkirschen mit 5 EL Saft, dem Zitronensaft, dem Wein und dem Zucker in einem Topf zum Kochen bringen und zugedeckt 5-8 Minuten dünsten. Das Parfait auf eine Platte stürzen und in Scheiben schneiden. Je 2 Scheiben auf einem Teller mit den Kirschen anrichten und sofort servieren.

Schritt 2

Schritt 3

Schritt 3

Zubereiten 35 Min.
Gefrieren 5 Std.
Pro Portion (8 Portionen):
345 kcal/1444 kJ;
9 g EW; 19 g F; 34 g KH

TYPISCH ÖSTERREICHISCH

Österreich kann nicht nur mit einer langjährigen Tradition von Süßspeisen aufwarten, sondern auch mit einer außergewöhnlichen Anzahl an Baudenkmälern, wie etwa dem Hundertwasser-Haus in Wien, deren Besuch sich immer lohnt. Nach der Besichtigung gönnt man sich gern im Kaffeehaus eine Eiscreme.

Kochtip

Aus dem übrigen Eiweiß können Sie Mandelmakronen zubereiten: dafür 4 Eiweiße mit 200 g Zucker zu steifem Schnee schlagen. Dann 400 g geriebene Mandeln mit etwas Bittermandelaroma unterheben. Als kleine Häufchen auf einem gefetteten Backblech im vorgeheizten Backofen bei 150 °C 15-20 Minuten backen.

Serviertip

Im Land der zahlreichen Kaffeespezialitäten gehört zum Mohneis auch ein starker Kaffee, wie etwa der traditionelle »Einspänner«: einen starken schwarzen Mokka zubereiten und mit »Schlagobers« servieren. Ein Glas Wasser bereit stellen.

Küchen-Lexikon

Außer wertvollen Tips zur Eisherstellung finden Sie hier nützliche Informationen zu besonderen Zutaten, die Sie dazu benötigen.

Champagner
Nur der Schaumwein, der aus der Champagne, einem Departement in der Nähe von Paris, kommt, darf so bezeichnet werden. Andere Schaumweine, die ihre Spritzigkeit der Kohlensäure verdanken, heißen »Vins mousseux«, obwohl sie oft nach derselben Methode hergestellt sind.

Cognac
Der französische Weinbrand kommt aus Charente und wird rund um die Stadt Cognac aus weißen Trauben hergestellt. Der junge Wein wird destilliert und in Eichenfässern gelagert. Je älter ein Cognac ist, desto besser schmeckt er, sein Alter ist auf der Flasche vermerkt.

Erdbeersirup
Gezuckerter Erdbeersaft wird sirupartig eingekocht, wodurch er wie Konfitüre lange haltbar bleibt. Wer ihn ersetzen möchte, püriert frische Erdbeeren, verdünnt nach Wunsch mit Mineralwasser und süßt mit Puderzucker.

Esskastanie
Sie wächst in allen wärmeren Gegenden Europas und gehört zu einer anderen botanischen Familie als die Kastanie, die viele Kinder bei uns im Herbst so gerne sammeln. Sie ist von einem Stachelkleid umgeben, das bei reifen Kastanien aufplatzt. Man unterscheidet die kleineren und schmackhafteren Maronen und die gewöhnlichen Eßkastanien mit größeren Früchten, die nicht so lange haltbar sind. Zum Schälen muß die Schale immer kreuzförmig eingeschnitten werden. Dann kann man die Früchte kochen, backen oder braten, bis die Schale aufplatzt und sich gut abziehen läßt.

Granatapfel
Die runden orangegelben bis kräftig roten Granatäpfel haben im Inneren rote, geleeartige Kerne. Sie werden wie Orangen halbiert, damit man ans Fruchtfleisch herankommt.

Das Fruchtfleisch schmeckt sehr aromatisch, leicht säuerlich und ist sehr saftig. Man kann die Fruchthälften auch mit einer Zitruspresse auspressen.

Grapefruits
Die Vitamin-C-reichen Zitrusfrüchte werden manchmal auch irrtümlich Pampelmusen genannt, sind aber eine Kreuzung aus Pampelmuse und Orange. Es gibt gelbfleischige und rosafleischige Sorten, letztere schmecken noch etwas milder.

So gelingt Eis in der Eismaschine
In einer Eismaschine ist die Eismasse, je nach Fassungsvermögen des Geräts, in etwa 10-40 Minuten gefroren und servierfähig. Eine Kühlscheibe oder ein Behälter werden für etwa 18 Stunden ins Tiefkühlfach gelegt. Dann füllt man die Eismasse in die sich durch einen feststehenden Rührarm drehende Maschine ein. Bei kleineren Maschinen muß man teilweise noch selbst rühren. Ob die Maschine einen Rührmechanismus hat oder man das per Hand macht, entscheidet über den Preis. Vorteil bei den Eismaschinen: Alle Zutaten müssen nur kurz im Mixer verrührt werden, dann geht es ab in die Eismaschine, und nach kurzer Zeit kann man das fertige Eis herausnehmen und servieren oder einige Tage im Tiefkühlfach gefrieren. Beim Kauf einer Eismaschine sollten Sie sich im Fachhandel beraten lassen, denn die Größe sollte zu Ihrem Bedarf passen.

Kandierte Früchte

Die Früchte werden in Zuckerlösung gekocht und getrocknet. In Fruchthäusern und in manchen Reformhäusern und Naturkostläden bekommt man etwas schwächer kandierte Früchte, die nicht so lange in Zuckerlösung garen und daher auch mehr Fruchtgeschmack haben.

Kapstachelbeere

Die Kapstachelbeere hat mit der Stachelbeere gar nichts zu tun. Sie ist eine Pflanze aus der Familie der Nachtschattengewächse, wie zum Beispiel auch die Tomate. Kapstachelbeeren werden in ihren Hüllen angeboten. Sie schmecken sehr aromatisch, erfrischend und leicht säuerlich und können zu jedem Eis als Deko gereicht werden.

Kiwi

Die ovale, vitaminreiche und von außen unscheinbare Frucht aus Neuseeland wurde Mitte des letzten Jahrhunderts unter dem Namen »Chinesische Stachelbeere« in Europa eingeführt. Die geschmacklich ein wenig an Melone erinnernde Kiwi hat im Inneren ein grünes, fein säuerliches Fruchtfleisch, das man nach dem Schälen gut in Scheiben schneiden, aber auch einfach aus der Schale löffeln kann.

Lolly-Form

Die praktische Form zur Bereitung von Eis am Stiel gibt es in gut sortierten Haushaltswarengeschäften zu kaufen. Sie besteht aus zwei Teilen, dem Behälter für die Eismasse und einem Stiel, den man hineinsteckt. Die praktische Lolly-Form ist meist aus Kunststoff und wird, sobald sie aufgefüllt ist, aufrecht in die dazugehörige Lolly-Halterung gestellt und gefrostet. Das Eis läßt sich leicht aus der Plastikform lösen, wenn man sie ganz kurz unter heißes Wasser hält.

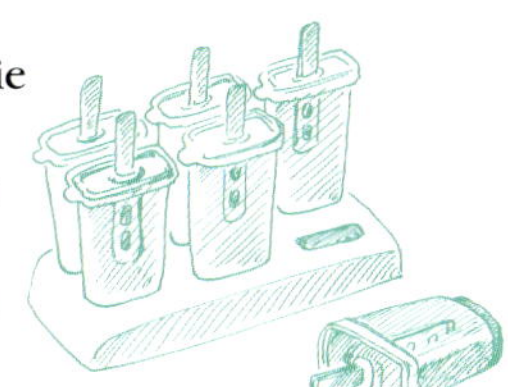

Mandelmus

Es wird aus süßen Mandeln hergestellt, die maschinell fein zerkleinert und mit etwas Mandelöl versetzt, aber nicht gesüßt werden. Kaufen kann man das mild schmeckende Mus im Reformhaus und Naturkostladen. Es eignet sich auch als Brotaufstrich.

Sorbet, Granita, Frucht- oder Milcheis

Die Sorten unterscheiden sich oft nur geringfügig und für manche kann man sogar beide Bezeichnungen verwenden. Hier ein kleiner Überblick.

Fruchteis
Es besteht meist aus Früchten und kann ähnlich wie Sorbet zubereitet sein. Man nimmt dafür aber nicht nur den Saft, sondern das Fruchtpüree. Meist wird es mit Sahne oder Joghurt gemischt und gefroren.

Granita
Sie kann nur aus Saft oder einer anderen Flüssigkeit bestehen. Einer echten Granita wird aber weder Eiweiß noch Sahne zugefügt, und man rührt sie auch nicht cremig, sondern zerstößt sie nach dem Gefrieren.

Milcheis
Damit bezeichnet man cremige Eissorten, die mit Milch oder Milchprodukten und oft mit einer Eigelbcreme zubereitet werden. Der Grundmasse können verschiedene Zutaten wie Schokolade, Nüsse oder auch Gewürze zugefügt werden.

Sorbet
Es wurde in Persien erfunden, wo es Scherbet heißt. Meist besteht Sorbet aus gesüßtem Fruchtsaft. In der neueren Küche wird es oft auch aus Gemüse und Eiweiß, Sahne oder auch einer anderen Flüssigkeit, wie Wein oder Dessertwein, zubereitet. Die nicht zu stark gefrorene Eismasse wird immer wieder mit einem Schneebesen cremig gerührt, bevor man sie serviert.

Menüvorschläge

Auch wenn vielleicht einige das Eis als Krönung des Menüs betrachten, gibt es Gerichte, die davor ganz besonders gut schmecken. Diese möchten wir Ihnen auf dieser Seite vorstellen.

Spanien

Mandel-Vanille-Eis mit Sherry 6/7
Perlzwiebeln in Sherryessig
Paella mit Kaninchen

Frankreich

Eisgugelhupf mit Calvados-Äpfeln 8/9
Löwenzahnsalat mit Speck
Bouillabaisse

Zitronen-Joghurt-Eis aus Biarritz 10/11
Entenleberparfait
Hechtklößchen auf Spinat

Italien

Pistazieneiscreme »Perugia« 12/13
Minestrone alla Milanese
Gefüllter Wildschweinrücken

Granita di Café 14/15
Brotsalat mit Tomaten und Radicchio
Kalbsleber mit Rosmarinkartoffeln

Klassische Cassata 16/17
Peperonata
Schweinerückensteak

Libanon

Aprikoseneis mit Rosenwasser 20/21
Hummus mit Gemüsestreifen
Bulgurklößchen mit Fleischfüllung

Syrien

Dattel-Zimt-Eis 22/23
Gurken-Kaltschale
Lammbrust mit Rosinen und Nüssen

Iran

Honigparfait »Isfahan« 24/25
Spinatsalat mit Joghurt
Pute in Granatapfelsauce

Indien

Gewürzkulfi aus Indien 26/27
Gemüse mit Minzsauce
Lammcurry mit Reis

Japan

Grüntee-Eiscreme 28/29
Misosuppe
Gegrillter Lachs

Neuseeland

Erdbeereis mit Kiwis 30/31
Roh marinierter Fisch
Gefüllte Ochsenbrust

Rezeptregister

Impressum

Redaktion: Förstner & Knophius GmbH
Rezepte: Cornelia Schinharl
Illustrationen: Rita Mühlbauer

Bildnachweis
Alle Titel- und Rezeptfotos:
Meister Verlag/International Masters Publisher B.V.
Harry Bischof, Michel Brauner, Dorothee Gödert, Chris Meier
Einleitung: 4 oben Schapowalow, Popp; 4 unten Mauritius, Vidler; 4/5 oben Schapowalow, Huber; 5 unten Image Bank, Boisberran; 5 oben Mauritius, Nägele; 5 Mitte Image Bank
Fotos zu den »Typisch-Abschnitten«: 6 Image Bank, Trummer; 9 Visum plus 49, Beer; 10 Image Bank, Satushek; 12 von Spreti; 15 Image Bank, Hidalgo; 16 Mauritius, Ehrhardt; 20 von Spreti; 23 Mauritius, Mattes; 24 Image Bank, Coyne Produktion; 26 Mauritius, Schön; 28 Schapowalow, Windisch; 30 Bilderberg, Grames; 32 Image Bank, Mahaux; 34 Schapowalow, Sperber; 37 Color Lab; 38 Look, Naundorf; 40 Mauritius, World Pictures; 43 Bilderberg, Ernsting; 44 Visum, Graffenried; 48 Bilderberg, Blickle; 50 Mauritius, Vidler; 52 Look, Müller; 54 Mauritius, Müller; 57 Image Bank, Sulle; 58 Image Bank, Hartmann

Reproduktionen: Meyle + Müller Medien-Management, 75172 Pforzheim
Computer to plate: S-B-P-S GmbH Kirchberg
Druck und Weiterverarbeitung: Sebald Sachsendruck, Plauen

ISBN 3-88477-056-X